# Eubiose

**Eurênio de Oliveira Júnior, M.O.S.G.**

# Eubiose

A VIDA SEM MISTÉRIOS
OS MISTÉRIOS DA VIDA

ESTUDOS
ANOTAÇÕES

Pontos sobre o conhecimento deixado
por Henrique José de Souza,
e o seu desenvolvimento

EDITORA PENSAMENTO
São Paulo

Copyright © 2005 Eurênio de Oliveira Júnior, M.O.S.G.

Todos os direitos reservados. Nenhuma parte deste livro pode ser reproduzida ou usada de qualquer forma ou por qualquer meio, eletrônico ou mecânico, inclusive fotocópias, gravações ou sistema de armazenamento em banco de dados, sem permissão por escrito, exceto nos casos de trechos curtos citados em resenhas críticas ou artigos de revistas.

A Editora Pensamento-Cultrix Ltda. não se responsabiliza por eventuais mudanças ocorridas nos endereços convencionais ou eletrônicos citados neste livro.

Dados Internacionais de Catalogação na Publicação (CIP)
(Câmara Brasileira do Livro, SP, Brasil)

Oliveira Júnior, Eurênio de, 1938-
Eubiose : a vida sem mistérios, os mistérios da vida : estudos e anotações / Eurênio de Oliveira Júnior. — São Paulo : Pensamento, 2005.

"Pontos sobre o conhecimento deixado por Henrique José de Souza, e seu desenvolvimento."
ISBN 85-315-1426-6

1. Ocultismo 2. Souza, Henrique José de 3. Teosofia I. Título.

05-8878                                                                 CDD-147

Índices para catálogo sistemático:
1. Eubiose : Teosofia : Filosofia 147

O primeiro número à esquerda indica a edição, ou reedição, desta obra. A primeira dezena à direita indica o ano em que esta edição, ou reedição, foi publicada.

| Edição | Ano |
|---|---|
| 1-2-3-4-5-6-7-8-9-10-11 | 05-06-07-08-09-10-11 |

Direitos reservados
EDITORA PENSAMENTO-CULTRIX LTDA.
Rua Dr. Mário Vicente, 368 — 04270-000 — São Paulo, SP
Fone: 6166-9000 — Fax: 6166-9008
E-mail: pensamento@cultrix.com.br
http://www.pensamento-cultrix.com.br

*Impresso em nossas oficinas gráficas.*

# Explicando o título

Existe em cada um de nós um espaço que conhece todos os segredos da vida.

Contudo, os acessos a esse espaço são fugazes, e não raro se apresentam — no que conseguimos reter na memória — através de símbolos e figuras, ainda merecedores de detidas interpretações.

A longa jornada de nossa existência, a seqüência conjugada das nossas vidas, almeja, em suma, trazer às claras, para cada um individualmente, o que aqui neste mundo se apresenta como mistério.

Ali, naquele espaço a que nos referimos, a vida é sem mistérios.

Aqui, os mistérios se sobrepõem: são emblemáticos e constituem o grande desafio do entendimento da vida.

Os mistérios de lá, quando passam para cá, e a vida ideada, ao passar para os efeitos, se cruzam, gerando nesse espaço ignoto os raios matizados do núcleo de uma ampulheta...

Neste nosso pequeno trabalho, intentaremos facilitar ao leitor a ponte — ou, se quisermos, o acesso — a essa região nuclear que reside em seu âmago, região de todas as riquezas, através de estudos propositadamente escolhidos e de anotações sobre alguns ângulos significativos de mais uma de nossas passagens por este universo.

"Se queres escrever, escolhe um argumento
de acordo com a tua capacidade."
*Horácio*

"Os olhos de um escritor, para serem
transparentes, devem estar secos."
*Georges Darien*

# SUMÁRIO

Prefácio .................................................................... 13
Introdução ............................................................... 15
Notas explicativas ..................................................... 17

## PRIMEIRA PARTE — ESTUDOS

Capítulo I
COSMOVISÃO................................................................ 23
O Uno e o Verso ....................................................... 25
Causa-Lei-Efeito ....................................................... 27
Horizontalidade ....................................................... 28
Espírito Matéria ....................................................... 30
Ilustrando a idéia do Três ........................................ 31
Vem o Sete................................................................ 32
Hierarquias ............................................................. 36
Finalidade da Criação ............................................... 38

Capítulo II
ANTHROPOS, O HOMEM ..................................................... 41
Primeiros homens ............................................................. 43
Homens atuais.................................................................. 45
Homens futuros ................................................................ 47

Capítulo III
HISTÓRIAS DIFERENTES ... DIFERENTES ESTÓRIAS ................ 50
Ciclopes ......................................................................... 51
"Espíritos"... x Matéria ...................................................... 53
Fecho do passado, abertura do futuro .................................. 56
Atlantes .......................................................................... 59
Povos de repetitivas notícias .............................................. 62
A América descoberta... ..................................................... 64
...e o Brasil muito antes visitado ......................................... 65
Monarquias caem... ........................................................... 67
...consciências sobem......................................................... 69
A quantas estamos ............................................................ 71

Capítulo IV
APRESSANDO OS PASSOS DO CAMINHO... ........................ 74
A verdadeira estrutura do ser humano .................................. 83
Realidades sobre o homem ................................................. 85
Realçando a mente............................................................ 93
As leis regentes da Criação................................................. 94
Iniciando-se. Ou ... sendo iniciado....................................... 96

Capítulo V
EUBIOSE, CIÊNCIA DA VIDA ............................................. 99
Esquema de compreensão da Eubiose ................................. 101
Filosofia e Eubiose ........................................................... 107
Ciência e Eubiose ............................................................ 109
Arte e Eubiose ................................................................ 112
Religião e Eubiose ............................................................ 114

SUMÁRIO

## SEGUNDA PARTE — ANOTAÇÕES

Teosofia e Eubiose ..................... 119
Realidade-Imaginação-Ideação ............................. 121
Religiosidade .................... 124
Questionamento ..................... 129
Velar, Revelar, Desvelar..................... 131
Fé emocional, fé essencial ..................... 134
Cultura ..................... 135
"Fazer o Bem, sem ver a quem" ..................... 137
Consciência e lucidez ..................... 140
Idéias pré-formadas..................... 142
*Theos* e *Chaos* ..................... 144
Verdade ..................... 147
Mente maior, mente menor ..................... 149
Autojustiça ..................... 151
O caminho quântico ..................... 153
Pensamento linear, pensamento esférico ..................... 156
*Soma* e sensibilidade ..................... 158
Certo, Errado; Bem, Mal ..................... 161
O Karma e o *Dharma* ..................... 164
Correlacionando o *Dharma* e o Karma ..................... 168
Destino e livre-arbítrio ..................... 170
...permita que as águas do Alto... ..................... 173
Cinco indagações presentes no agir ..................... 174
Espiritualidade e Espiritismo ..................... 176
O culto aos antepassados ..................... 178
Egrégoras ..................... 182
Sinarquia ..................... 185
As leis do Trismegisto ..................... 187
Passagens e proporções ..................... 190
Entendimento: expiação, liberação ..................... 192
Algumas palavras sobre os predestinados ..................... 195
Luzes... em festival! ..................... 197

Bibliografia..................... 199

# Prefácio

Mais de trinta anos de convívio ainda podem trazer surpresas.

Surpresas agradáveis... surpresas da vida que, na infinita multiplicidade de sua presença, permite-nos um eterno redescobrir daquilo que sempre esteve sob os nossos olhos. Louvores deveríamos elevar todos os dias ao bendito milagre da existência, em sua contínua transformação, superação e metástase.

Convidado fui a prefaciar esta obra, que agora é apresentada ao público, justamente na época em que mais se faz necessária a benfazeja luz do conhecimento e do amor. O inesperado pedido de um amigo. Ciente sempre o fui de suas comprovadas qualificações. Eminente advogado, respeitabilíssimo juiz, sincero e prestativo companheiro, divulgador da Obra legada por meu Pai, e, como tal, integrante de nossa família.

E agora, neste momento, cumpre-me também acrescentar, nesta imensa lista, o escritor. Escritor, não apenas de simples relatos, dos quais o mundo já se encontra por demais saturado, mas sim um arauto de leis eternas e imutáveis, mas que por força da natureza devem, de tempos em tempos, revestir-se de novas roupagens, renovando-se continuamente em forma e aparência, em evidente contraste a um conteúdo e essência, nirvanicamente intocáveis.

A você, meu grande amigo, minha mais sincera estima pelo grandioso trabalho ao qual se propôs e o qual tão magistralmente levou a cabo, de condensar, em um único volume, milhares e milhares de páginas que acompanham a história oculta da humanidade. História velada por força de Lei, mas que agora, sob o pano cênico de um novo ciclo que se renova, deve novamente se ver desvelada diante da mente e do coração daqueles que nunca se esqueceram de sua verdadeira origem.

Os mesmos que se reconhecendo como provindos de uma mesma fonte, dignos necessariamente se tornam de um mesmo destino.

A todos estes co-ofereço este livro, pois estes, e somente estes, se sentirão atraídos por estas páginas que agora mantenho ainda diante de meus olhos; e aqui encontrarão o motivo de seus mais elevados anseios e aspirações.

E novamente a você, meu amigo Eurênio, o mais sincero agradecimento por mais este marco plantado na Obra de meu Pai.

*Hélio Jefferson de Souza*, G.M.O.S.G.
Presidente da Sociedade Brasileira de Eubiose
São Lourenço, MG, maio de 2005

# Introdução

Esta pequena obra contém diversos e diversificados aspectos do que despertou em mim o arcabouço eubiótico, que eu procuro conhecer sempre mais e desempenhar ao longo deste meu lapso de existência no plano concreto.

Preciso frisar que a Eubiose não chega a ser um conhecimento, na acepção pura do termo. E, sim, um reconhecimento, como seja, uma decorrência do tão decantado e desejado autoconhecimento.

Nessa esteira, que deve ser palmilhada com a devida coragem, o peregrino da vida traz a lume para si próprio suas ocorrências pessoais: aquelas com as quais convive nos dias próximos da inusitada autodescoberta, e outras que fazem parte do seu passado recente ou remoto e, às vezes, de um pretérito surpreendente.

Este o tesouro no qual irá deitar o seu labor. A palavra "tesouro" desde logo traz a idéia de "enriquecimento". Pois é isso mesmo: trata-se de uma "riqueza", no senso comum, "tudo o que nos proporciona conforto e bem-estar material".

O leitor destas primeiras linhas deve estar se indagando: ora, pensei que a Eubiose fosse falar mormente, ou quase só, de espiritualidade.

Sim. Falaremos, e muito, da espiritualidade.

Contudo, não da espiritualidade sob o influxo do egoísmo e da utilidade, mas da real espiritualidade que há de ser a essência de nossas aspirações. Essência, que na verdade é, reconhece o ser na totalidade. Cada um de nós é identificado pela espiritualidade, para si mesma. E, focados que estejamos nela, o que a prática da Eubiose certamente ocasiona, desse núcleo ímpar estará provindo, qual fonte inesgotável, tudo o que necessitamos para entender e desempenhar esse fenômeno qualificado como "vida".

Essa é a busca incessante. Minha, e a ser despertada no leitor.

O descobrimento e a descoberta desse epicentro irradiador inigualável. Nós, humanos, somos um capítulo da vida universal. Saibamos construir títulos e subtítulos que dignifiquem essa honraria.

Pobre daquele que não reconhece o valor dos seus, daqueles que mais estreitamente têm participado e colaborado, certamente, para o seu sucesso. Dos que, em elos diretos ou amalgamados, tomam parte nesse caminho.

Meu reconhecimento positivo às mães de meus filhos, Ana Eugênia e Sandra Maria. Aos meus amados filhos, que sempre respeitarei como "alunos e professores" ao mesmo tempo, neste interregno de minha identificação prânica: André Luís, Paulo César, Flávia Thaís e Jonathan Hafis. À companheira estreita de meus passos atuais, Eneida. E a meus qualificados e sempre lembrados pais, Eurênio e Linda.

Aos incontáveis amigos, que têm proporcionado, sem dúvida, as contas melhoradas deste colar da minha vida, o meu carinho e consistente admiração.

Vamos para a jornada.

Que sejamos felizes, e, ao final, estejamos todos melhorados, amistosos, neste surdo diálogo. E, quiçá, novos amigos ... com o que me sentirei acrescido em felicidade.

São Paulo, SP, março de 2005

# Notas explicativas

O estudo da EUBIOSE é um estudo **natural**.

A rigor, uma constatação natural. Sobre o que existe. Sobre o que integra a natureza.

Nomeada como "ciência da vida" por seu idealizador e patrono, Henrique José de Souza (1883-1963), a EUBIOSE ocupa-se sobre **tudo o que é vida**; ou seja, sobre tudo o que é vibração em estado expansivo, pronta a albergar a pulsação cósmica neste plano em que vivemos.

Ciência também envolve, nessa óptica, consciência (da língua latina *cum*, "com", preposição; e *scientia*, "conhecimento", substantivo: posse do conhecimento).

Dessa forma, a anunciada "ciência da vida" implica a aquisição da consciência da vida universal, e não só deste fenômeno particularizado e efêmero da nossa existência individual.

Nas páginas que seguem, de meros estudos e algumas anotações, veremos que o conhecimento eubiótico, se entendido e praticado pelo homem superior que habita em nós, com a dignidade de um ser altivo e construtivo, nos conduzirá à vida consoante (vibrátil em harmonia) à das leis que regem a criação, que provém dos princípios que constroem o conserto interagente do universo em si.

Afinal, pelo seu étimo grego *"Eubiosis"*, a **EUBIOSE** encerra o entendimento de se **viver**, *"osis"* (ação, movimento, iniciativa dinâmica) de acordo com **atitudes ajustadas à evolução** do comportamento emocional (prática do **BEM**); da escolha mental (fomentação do **BOM**); e da melhor vibração da forma (que está no **BELO**), tudo voltado para o *"Eu"*, como bem e bom e tudo para o **melhoramento da alma**, onde se colhe o **resultado da vida**, *"bios"*.

"Eubiose é a ciência da vida. E, como tal, é aquela que ensina os meios de se viver em harmonia com as Leis da Natureza e, conseqüentemente, com as leis universais, das quais as primeiras se derivam." "Eubiose é a ciência do melhoramento da vida." Frases, essas, de Henrique José de Souza.

E não há nada neste mundo dos efeitos que não possa e não deva ser melhorado, aduzimos nós.

Assim o fazemos porque autorizados, como todos os de labor sério o estão, pelo entendimento deixado pelo Professor Henrique, como gostava de ser chamado.

A EUBIOSE é uma ciência perfeita nos seus cânones, nos seus princípios.

Mas não é uma ciência acabada.

O gênio que a concebeu, fazendo jus a esse estado mental ímpar e superior, entreviu que tão-só o aprimoramento dos humanos poderia conceder, à renovada doutrina, a legitimidade do acerto e da completude.

Pois "evolução é a transformação da vida-energia em vida-consciência", como definiram os Mahatmas, as "centelhas divinas magnânimas" da inigualável filosofia do Oriente.

Cada homem que ultrapassa a escala evolutiva atual, ou seja, que realmente evolui, completa pontos da Eubiose: primeiro, para si próprio; depois, pelo compromisso de expor e aplicar esse estado excelente para e com os demais.

O crescendo da EUBIOSE é, portanto, inimaginável para a mente comum.

Mas pode ser visualizado como aspiração, do ponto em que nos encontramos.

# NOTAS EXPLICATIVAS

Os estudos sobre os quais vamos discorrer são introduções a capítulos maiores e mais completos (mais profundos, mesmo) aos quais cada um pode se dedicar, acaso queira ingressar no único ocultismo aconselhável: o ocultismo esotérico, que estará calçado com o entendimento e a intenção próprios do itinerário da Evolução.

Na primeira parte, teremos: de nós para o cosmos; deste, até o homem; algumas análises sobre pontos da história que são ignorados, incompletos ou mesmo distorcidos; como abreviar a compreensão desse "caminho de mão dupla" (o que seja Iniciação); e, no final do capítulo, considerações sobre a Eubiose. Esses os títulos tratados, com subtítulos esclarecedores.

Na segunda parte, e para fecho, estudos esparsos sobre indagações que quase todos fazemos, aproveitando o que orienta a EUBIOSE. Aqui, poderemos ler aos poucos, um título por vez, na forma em que cada matéria será tratada, que servirá para pensarmos sobre ela, para tirarmos nossas conclusões e, sendo possível e desejável, meditarmos sobre a mesma ("meditar" no sentido de "ditar a si mesmo", evocar o esclarecimento que nos fornecem os veículos superiores, de iluminação, que estão em nós próprios).

A meta é: melhor nos adequarmos à mente superior ou abstrata, chave única da liberação para a benéfica influência desses planos em nós.

Este o pequeno e humilde legado escrito a que me dispus.

E agora cumpro.

PRIMEIRA PARTE

❊

# Estudos

# Capítulo I

# Cosmovisão

É imperioso que tenhamos, cada um de nós, uma abrangência total, holística, a mais completa possível — uma cosmovisão, em suma — da vida e de tudo o que nos cerca.

Vamos discorrer, neste tópico, sobre a importância e sobre as razões que a justificam.

Neste mundo integrado de interseções, em que nos relacionamos com nós mesmos e com todas as outras formas de manifestação, mormente com aqueles que nos são semelhantes, nos assenhorearmos desse múltiplo e diversificado contexto é crucial.

Pois é dessa maneira que passamos a conhecer as proporções.

É desse cotejo, dessa comparatividade incessante, que brotam em nós as percepções e algumas conclusões, através das quais faremos continuadamente novas escolhas — as quais, por sua vez, vão atuar sobre as escolhas seguintes.

Essas avaliações nos levam às tais proporções: vemos, mais ou menos, o que é da nossa predileção ou do nosso afastamento; formulamos as atrações e as rejeições e, desse modo, a nossa alma vai identificando a si mesma.

A alma de cada um de nós aspira o ignoto, aquilo de que não faz idéia, o que desconhece — mas que intui existir. Tal é o germe do seu crescimento, da busca de novos dimensionamentos para atuar com e em direção a conhecimentos e sensações inéditos, os quais, todavia, pressente que compõe a sua integralidade e mesmo a sua integração.

Logo, haveremos de conceder, a ela, à alma, desde logo, o saciamento da nobre aspiração que ela traz. Como seja, ingressar no desconhecido — no encoberto, esse, que é o espírito que a completa.

O vestíbulo para esse caminhar está na admissão da existência de um vasto espaço que ultrapassa a mente discursiva, esta com a qual atuamos no nosso dia-a-dia, com parcos esforços, apenas suficientes para progressões reduzidas, que se atrelam umas às outras, em dimensões circunscritas, insuficientes mesmo, para impedir aquelas aspirações maiores.

O espaço a que nos referimos é o incomensurável. Todos os dotados de visão a ele lançam o seu olhar, deparando com esse mistério desde logo insondável. Como se formou? Onde está? Para onde vai o universo?

Seu designativo prontamente nos dá um sentido.

"Verso" e "uno", o outro lado (o verso) do um, ou pelo menos do que se apresenta como uno.

Ao pronunciar o nome pelo qual o designamos, nosso acervo psicomental traz à nossa presença a idéia de que existe um outro lado, uma face "contrária" a essa multiplicidade de difícil cognição e onde reside um mistério ainda maior que aquele de decifrar a multifariedade de formas que compõem "este lado" da nossa visão.

A vida nos lega a continuidade de uma experiência, experimentada ao longo dos séculos e dos milênios por homens e mulheres que nos antecederam.

A par das experimentações dispersas, outras se alinharam, alinhavadas pelo fio condutor da inteligência, quais sejam, melhor esclarecidas, formando um significado alentador e certeiro, pois apontam para a elucidação do "sentido da vida".

Esse itinerário esclarecido e esclarecedor identifica-se com a Tradição.

Vê-se, portanto, que apenas esta, a Tradição, foco uno e único da luz do espírito, como depoimento da inteligência, pode enaltecer e promover a evolução.

COSMOVISÃO

Repetimos, para bem firmar no fino senso do leitor, que evolução, no dizer do Koot-Humi, ser fronteiriço altissonante como revelador da Tradição, é "a transformação da vida energia em vida consciência". Síntese lapidar, bandeira hasteada e desempenhada pelo fundador do movimento eubiótico, o insigne, embora pouco conhecido, Henrique José de Souza.

Quiçá numa concepção mais abrangente, sem qualquer pretensão de retificar o lustro desse ensinamento estrutural da ciência esotérica, pudéssemos falar, no afã de ampliar esta partida para a cosmovisão, em "transmutação" da vida energética pulsante, indo para além da forma transferida, pois a expressão "forma" ainda nos agrilhoa apenas a este mundo visível, palpável, objetivo; e outros fatores "mutam", modificam-se com a nova maneira de "ver" a si mesmo e às coisas da terceira dimensão na qual provisoriamente habitamos.

Em suma, para trilharmos a cosmovisão, deveremos transmutar essa proporção ordinária, pobre para as nossas pretensões espirituais, em que, com esforços comuns, insuficientes para satisfazer as valiosas aspirações de nossas almas, vivemos e nos movimentamos, e na qual diminutos esforços são suficientes para deduções pouco além dos sentidos que nos pertencem como seres da Terra (audição, tato, visão, gustação e olfação); transmutar — repetimos — à proporção que nos detemos em deduções maiores, mais completas, para ampliar nossa particular sensação de plenitude, ainda que as bordas externas dessa nova dimensão ampliada se esfumacem... pois é justamente aqui, nesses limites vagos e rarefeitos,.que habita o nosso ser real.

Palmilhemos esta rota.

## O UNO E O VERSO

Ao longo da história, em especial dos fastos esotéricos, pensadores, filósofos, estudiosos da ciência lançaram concepções sobre a diferença e a distância entre uma fonte primária e a diversidade de formas que compõem o chamado "universo visível".

Talvez a felicidade ímpar esteja com Plotino, que viveu entre 205-270 d.C., ao qual incumbiu revolver as raízes do platonismo, grassado, este, séculos antes, o qual implantou os fundamentos de um pensamento mais profundo e completo sobre o mundo e as coisas.

Referenda ele, em sua obra *A Alma, a Beleza e a Contemplação*, justamente que o uno esparziu o universo, o seu contrário, por isso mesmo múltiplo; e estes pontos, constituídos da mesma raiz, mas em estado diversificado, intentando lançar sua compreensão quanto a ele, o uno, e não alcançando a veracidade de sua natureza — em virtude de se encontrarem nesse estado diverso — a respeito dele, uno, lançam suas interpretações, originando-se, daí, as incontáveis narrativas e formas que passam a integrar esse universo.

Com razão, a teosofia e a eubiose adotam um alcance além dessa colocação, apenas uma passagem, e a mais feliz que conhecemos, sobre a origem da chamada "polaridade". A decifração desta, veremos, a qual acomoda perfeitamente a nossa mente curiosa, nos ensina que o percebido pelo sentido está "manifestado"; o outro lado, "imanifestado".

Contudo, as coordenadas de tempo, espaço e estado, que nos aguçam, podem ser apreendidas de forma mais completa, segundo essas duas grandes e conceituadas correntes — teosofia e eubiose — aqui encontrando o amparo que faltava.

No "imanifestado" lidamos com princípios, como seja, a fonte primária primitiva de tudo o que irá se manifestar, a idéia em si, a origem perante a qual não cabe "ir além"; ela é o começo do "aquém".

Este "aquém" se tresdobra. O que nos concede uma fonte próxima, a qual irá reger o próprio fenômeno da vida.

Dessa forma, se nesta manifestação temos a contagem do tempo, ali, quando tudo ainda não apareceu, temos a ausência dessa marcação; neste nosso estado mental, não temos como entender o "tempo" naquela fonte.

O drama da compreensão do infinito, que aflige inúmeras mentes, reside do lado de cá, sede do "manifestado"; quando chegamos aqui, o espaço é ocupado com exclusividade — ao menos essa é a sensação que temos.

E, neste campo em que nos encontramos, detemos uma resposta mais ou menos satisfatória na explicação dada pelos nossos sentidos ordinários: constatamos um "estado" de matéria, mais concreta ou mais sutil, que nos impressiona. Ali, acabado o "aquém", sede e fonte do próprio "além", ignoramos qual seja o estado em que estará a origem dessa mesma matéria, que já aqui ocupa faixas diferenciadas de se apresentar, como o sólido, o líquido, o gasoso e assim por diante.

Vejamos mais de perto esse tresdobramento.

### CAUSA-LEI-EFEITO

Essa terminologia, adotada pelo ocultismo na sua séria corrente hodierna, está dotada de felicidade, pois nos expõe, também de forma simples, o que basta para a nossa compreensão lógica.

O princípio é a razão de ser da própria causa, e está além dessa causa. Informa-a, mas não como entendimento ordinário.

Essa causa gera um efeito, que aparece no mundo "manifestado". Aliás, essa geração, digamos melhor para acomodar a nossa razão, na "vertical", irá, na seqüência do processo, se expor na horizontal, como relação da responsabilidade de cada pensante.

Ora, a relação entre "causa" e "efeito" tem de ser expressada, para que possamos identificá-la na nossa mente dual, que apenas pode reconhecer um lado perante a existência e a presença do outro lado. E se expressa pela passagem dessa relação, sintetizada num resumo, numa conclusão sintética desses dois lados, não estando propriamente nem cá, nem lá, o que chamamos "lei".

Podemos, por um esforço que nos eleva, pois aproxima decididamente o trato mental ordinário que detemos de um hemisfério mental muito mais amplo — o qual pode nos levar a outros planos, a outras dimensões — admitir que o princípio de todo o propalado tresdobramento detém a fonte primária, a origem última dessa relação, dessa "lei", e ali estabelecermos o reduto principal em que dúvidas inexistem, em que buscas e tentativas inocorrem: ali se encontra a "Lei".

A "lei" só se justifica e se completa quando em consonância com a "Lei": essa a regra do verdadeiro esoterismo.

Com o entendimento desses mal chamados "três mundos"— o das causas, o das leis e o dos efeitos — deslocamos propriamente a rigidez de pensar e conceber os extremos, os "pólos", através dos quais nos acostumamos à interpretação sistemática dos julgamentos de "bem", de "mal", de "certo" e de "errado".

Mormente quando na "lei", na passagem de um e outro desses conceitos, numa sublime ponte do nosso empenho, intentamos a informação da "Lei", da proveniência maior e completa, aqui o homem começa a descobrir o caminho da Felicidade, e não das falsas e efêmeras "felicidades", "estados de ser" passageiros, prontos a serem substituídos por outros momentos de conflitos e desequilíbrios.

Na prática, na horizontalidade, quanto mais nos aproximarmos da sinopse dessa relação entre os dois lados, que é a lei, mais possibilidades teremos de "ver" e de "entender" os flancos laterais da "causa" e do "efeito", do que foi ou está, e do que resulta: entenderemos melhor e perceberemos a origem e a decorrência de um fato, de um acontecimento.

E mais distante nos postaremos da singela classificação positiva (bem = certo) e negativa (mal = errado), com o que enxergaremos o mundo com mais propriedade, mais adequação e maior possibilidade de realmente participar de passos mais ajustados, mais próximos da tão desejável justiça.

Colocando-nos no meio, "entre" os extremos, nossa visão será mais imparcial (a quão possível liberada de impulsos e de conveniências) e portanto mais apropriada ao acerto, ao ajuste, pois "enxergará" com maior e mais isenta amplitude, com melhor nível de sobriedade.

Época houve entre os latinos, vetusto povo que habitou a região do Lácio onde hoje está parte da Itália, que esse meio significou uma virtude; diziam eles *in medio virtus*, a virtude está no meio, está no ponto de relação. E não sem razões.

## HORIZONTALIDADE

Todo ajuste na horizontalidade (esse entendimento causa-lei-efeito aplicado no campo das ações e das experimentações) deverá ter como meta o entendimento e a aproximação para um outro ajuste, este na esfera da verticalidade. Como seja, a compreensão maior que se possa ter dos "planos do alto".

Esse o itinerário para nos aproximarmos — em vida, claro — da Vontade das vontades. De Deus, da Lei, em suma. Iluminar a lei de baixo pela Lei de cima.

Vale dizer, quando aplicamos, neste "mundo dos efeitos", nos desdobramentos próprios deste "mundo", um entendimento, uma compreensão que não fica apenas na fonte próxima — causa — ou no resultado — efeito — e sim no ponto de correlação entre ambos, lei, apontamos, nessa nossa vontade, ainda parcial e estreita, jungida por circunstâncias, uma dose de aspiração, que nos alenta para entendermos e praticarmos um naipe muito mais elevado e amplo, que está contido naquela vontade diferenciada em estado, a Vontade identificada no próprio Deus do universo.

Aliás, uma das funções do karma, como ação, está na operosidade de mostrar, aos seres pensantes, que somente pela vontade chegamos, primeiro a reconhecer, e depois a adotar caminhos e atitudes para entronizar, em nós próprios, a Vontade. Sem esta, conhecimento e afeição, talvez o amor, não se completam.

Sobre o karma, examinaremos aspectos em outra parte desta nossa escrita.

Certa feita, ouvimos uma narrativa que amplia sobremaneira a nossa possibilidade de compreensão desse fenômeno: o da horizontalidade. O Professor Jorge Inácio Penteado da Silva Telles, de São Paulo, em programa cultural de TV, rememorava a razão do fratricídio, o primeiro de que se tem notícia histórico-cronológica-bíblica, de Caim matar Abel, os filhos primogênitos de Adão e Eva, como está no Velho Testamento daquele livro. É que, dizia ele, nas oferendas ao Senhor, a fumaça do fogo produzido por Abel subia na vertical; a do produzido por Caim, espalhava-se na horizontal, provocando o ciúme e a ira deste em relação àquele. Naquele, Abel, ou "*el ab*", dizemos nós, "o primeiro", estava a herança direta da espiritualidade. Neste, Caim, a razão da materialidade. Em outras palavras, principiava ali a materialidade "matando" a espiritualidade.

## ESPÍRITO MATÉRIA

Propositadamente não demos a esta passagem o título de "espírito e matéria".

Quando nos postamos naquela posição de "Lei", nos apercebemos, então, que espírito e matéria não são naturezas distintas e opostas, menos ainda irreconciliáveis.

Temos, é certo, quanto a ambos, uma mesma natureza.

Na qual se apresentam "estados" diferenciados.

O leitor pode estar chocado com esta afirmativa.

Contudo, para chegarmos aqui, detalhamos um caminho.

O qual é reverenciado pelo Oriente, e capaz de elevar o homem a esferas mais dignas da sua existência.

Dizem os escritos sagrados da eterna Índia: "Brâhmâ é tudo".

Essa não é uma frase de efeito. Nem uma ênfase piegas.

Tem a base filosófica que descrevemos.

Mais.

No desenvolvimento dessa idéia central, o indiano ligado à tradição de sua base religiosa une definitivamente o Criador à criatura quando, aprofundando-se nos *Upanishads*, que são ensaios sobre o *Vedanta* (de *Vedas*, revelações), conclui que "Não existe Deus e o Universo, e sim Deus como Universo", ou seja, o Universo é tão-somente um "estado" do Ser Primário, identificado, na sua plenitude, como o zero, ausência de qualidade.

Para nós, ocidentais, postados do lado de cá do hemisfério mundial, o Oeste da civilização, logo emerge resistência ao ouvir essas afirmativas; habituados cientificamente ao raciocínio da concretude, e filosoficamente às oposições radicais (uma sensação, uma emoção, é isto ou aquilo) comumente nos chocamos com o significado — bem expresso em parte do pensamento filosófico-religioso do Oriente — de que os pólos, opostos, possam ter um denominador comum.

Apenas mais uma referência, propriamente mais conhecida que a do pensamento hinduísta descrito, é a alusão ao símbolo-síntese da concepção exposta por Lao-Tsé, ao conceber o "caminho" — o Tao —, e afirmar que na meia esfera de um lado, está também o germe do outro; o "Yin" está inoculado do "Yang", e o "Yang" do "Yin".

Seguramente não será demais dizer que, nessa afirmação, está expressa a magnífica capacidade do mundo manifestado, a qual se encontra no próprio homem, qual seja: a de transmutar, por uma condição de "presença", o fraco no forte, o negativo no positivo, e, para os nossos conceitos, o mal no bem, o errado no certo, pois o vetor de um está inserido no outro.

## ILUSTRANDO A IDÉIA DO TRÊS

Partindo das afirmações já feitas, identificamos, como "correntes" do conceito religioso, o "monoteísmo" — a crença em um só Deus, inconfundível com o Universo — e o "dualismo", duas potestades irreconciliáveis, uma para o Bem, outra para o Mal.

Na linha de argumentação exposta até aqui, a chave do entendimento maior, mais profundo, está em admitirmos o "monismo", de mônada, única, que não é separada nem dual; e sim, o princípio que se projeta com gradações e envolvimentos, todos voltados para o auto-esclarecimento dessa centelha, cuja natureza última é deífica, e cujos estágios representam as miríades de formas, distribuídas de maneira mais nítida nos propalados reinos comuns da natureza.

Ainda que variando as classificações, nos seres de vida notoriamente expressa — não apenas esta vida que estamos habituados a entender, mas a vida que encerra a capacidade de modificação no próprio metabolismo do ente considerado — distinguimos uma faixa mineral, outra vegetal e outra animal. A escala humana é distinta, e não uma progressão do reino animal, como veremos.

A inteligência nos inspira admitirmos que, para o real entendimento desse fenômeno maior do mundo projetado, este derradeiro mundo na escala manifestada, melhor se coaduna o conceito da existência do princípio informador e coligador das modificações existentes — que é a *mônada*, a qual encerra a idéia de "unidade".

Como esclarecem os textos, a presença desta, nos efeitos que aqui ocorrem, não é plena, nem mesmo real. Como "centelha da e na Chama", "está" ela, a *mônada*, no seio do Pai. E "vem" aos mundos desdobrados, por um elo, um fio (isto apenas para aproximarmos o entendimento), o "fio de *Sutratmã*" para os ensinamentos da mãe Índia.

Se assim é, forçoso será concluirmos que a dedicação última que nos incumbe será enriquecer de informações e experimentações desses mundos a esse princípio monádico, torná-lo mais e mais esclarecido: essa centelha, ainda energia no seu esparzimento, deverá concluir-se consciente de todo o Universo, pois num futuro incrivelmente remoto (que não cabe no nosso limite de pensar), essa mesma *mônada*, individuada que está, será o centro de um novo e inimaginável processo criativo.

O Deus deste Universo, dizem naquela banda do Oriente a que nos referimos, "foi homem em idade sem conta".

Essa a progressão do *ictus* criativo.

Podemos até mesmo mensurar o tempo de vida de um Universo. Mas a quantidade de universos em sucessão nos será impossível prever.

Trata-se, em resumo, de uma sucessão infinita de universos finitos.

E o três sempiternamente presente.

Um lado, o outro e o núcleo de relação.

Daí o notório valor cabalístico de sua incomparável expressão.

## VEM O SETE

O apontado três há necessariamente de se expressar na criatividade, que acaba por se concretizar na Criação.

Para ser reconhecido na sua pureza, tem de se fazer duplo.

Ainda que esse reconhecimento somente possa acontecer por alcance de consciência e nunca por pura adivinhação, até aqui a circunstância da busca se polariza: no mundo que se concretiza, teremos a essência, como seja a verdade (o espírito), e a presença, a sombra, a matéria (a realidade), sendo que esta, no início da percepção consciente, parece ser a única, pois os sentidos até então desenvolvidos são parcos e insuficientes até mesmo para proporcionar o vislumbre do mundo originário — daí esse "entendimento" ser ilusório, incompleto e distorcido quando atua a ação mental; esta é a conhecida *maya*, assim qualificada pelos orientais.

COSMOVISÃO                                                    **33** |

De qualquer modo, o Trino necessita, para descer (ou subir, pois na autêntica visão espiritualista não existe "em cima" e "embaixo", eis que a captação da vida é esférica e não setorizada), de estabelecer o que para nós constitui um "projeto", já, ele, com o prenúncio polar, ou duplo, e que assim depois irá atuar para a concessão do conhecimento verdadeiro aos princípios de vida que irão se desenvolver.

Tal "projeto", assim planificado, dual ao menos na sua possibilidade, implica que o três, duplo, se estabeleça como seis.

Mas o seis, ao se instalar na verdadeira refrega de conceder consciência a um mundo inicialmente energético por natureza, precisa de um ponto de retorno, de um eixo em torno do qual fazer a curvatura. Esse ponto, esse eixo nuclear, constitui o sétimo aspecto, que apenas se pode postar, na nossa matemática, como o intermediário, o quarto.

Assim temos: três, operando pela proposta inicial até a configurada "reversão", que é o quarto; e mais três, aspectos até certo ponto sublimados de cada um correlatos dos anteriores, já com passos iluminatórios do entendimento interiorizado.

Os três primeiros para a experimentação; os três últimos para o desempenho e a nova criatividade. Um central, como testemunho vivo da Centelha Perene, isenta de tempo e espaço, e que apenas a esta responde, sendo, a rigor, o único que concede a possibilidade do retorno: Aquele, o oitavo; este, o quarto.

Tenha-se, desde logo, e para a leitura dos próximos capítulos, que os três primeiros passos vêm um a um; ainda o quarto, o eixo, guarda um relativo isolamento, sendo, a rigor, o ponto de encaixe para o sistema vindouro; este, contudo, guarda uma coesão à memória da tríade fonte, também chamada de Tríplice Chama, que, a rigor, nunca se apaga.

Como se disséssemos: físico para a primeira idéia; vitalidade ou força para a segunda; emoção como expressão da terceira; mente, sentido da quarta, que, enquanto agregada às três precedentes, todas fontes dos sentidos, também sentido é (eis o acerto, nesta angulação, da proposta de correntes filosóficas do Oriente em inserir a mente dentre os sentidos). As três que seguem são indissociáveis, pois atuam em interação e se despertam em concomitância: expressam a mente completada, aberta ou submetida à compressão integral, que se desenvolve pela integração do que intui quanto ao núcleo da vida, a pulsação universal perene.

Mas os passos de um a sete, apenas para nossa melhor compreensão, merecem títulos e considerações complementares.

Nomeemos "planetas". Mais que isso: consideremos apenas os "sagrados" pela Tradição, aqueles que portam tonalidades especiais para influenciar o progresso humano na senda da evolução, para a tomada da verdadeira consciência.

São aqueles que correspondem aos dias da semana, começando pelo domingo, como Sol; segunda-feira, como Lua; terça-feira, como Marte; quarta-feira, como Mercúrio; quinta-feira, como Júpiter; sexta-feira, como Vênus; fechando o sábado, como Saturno. Cabe advertir que os títulos não estão correlatos com os usuais que conhecemos, vez que dois desses (Sol e Lua) nem planetas são no rigor científico. Eles representam, aqui, idéias ou possibilidades de consciências.

Contudo, a dualidade intrínseca projetada cria uma seqüência que, a partir do planeta eixo, difere daquela nomeada como dia da semana.

A rigor, quem primeiro se projeta é a consciência "Filho", que se traduz, dualmente, em Saturno e Sol. São os dois primeiros planetas sagrados regentes, guardada essa ordem.

Segue apresentando-se o aspecto "Mãe", que se faz polar em Lua e Vênus.

E fecha, o já então setênio, pois que Marte, o eixo, se introduz entre essas duas projeções da "Mãe", o "Pai", como Mercúrio e Júpiter.

Temos, então, esta seqüência:

8º Eterno

7º Saturno    2º Sol    3º Lua    4º Marte    5º Vênus    6º Mercúrio    7º Júpiter

Pai e Filho completam um ao outro. Este, o Filho, faz a sublimação no aspecto correspondente daquele. Em números correlatos, sendo o Filho energia e o Pai consciência, sempre somando aritmeticamente o oito — pois o cognominado Oitavo está constantemente presente.

COSMOVISÃO

Dessa forma teremos: o um, Saturno, o Filho, fechando a sublimação da operosidade com o sete, Júpiter, o Pai, resultando na soma oito; o dois, o Sol, aqui também Filho por força da dualidade necessária, elevando-se com o seis, Mercúrio, também Pai, somando mais uma vez o oito; e, a Mãe, a Lua e Vênus, 3 e 5, pela possibilidade intermediária e o poder criador aqui independente, faz, nessa ordem, a passagem da sublimação e cuja soma igualmente é oito.

Marte é 4, podendo ser chamado de "o Grande Filho"; o Eterno tem o poder de Oitavo, embora seja todas as coisas: chamemo-lo de "Grande Pai", pai do pai, o "Avô" do Universo. E como "todas as coisas" ela completa o quatro mas com esse poder de Oitavo, suficiente, é claro, mas necessário, pois na reversão (quarto passo) se dá o ápice da insensatez do mundo criado, aqui plenamente alimentada pela "mente", que é quando o suporte maior se faz presente.

E, uma vez mais, estaremos com a soma oito, quer porque o Oitavo "desde o início das coisas" traz implícita em si a possibilidade de "sua metade" (o quatro), quer porque quando o quatro está em atuação, o Eterno se faz "metade", propriamente a "sua metade", a sua parte complementar, ou seja, a sua contraparte.

Como se afirmássemos, neste campo de desforços inauditos, que o sétimo, Júpiter Pai, segura e completa o primeiro, Saturno Filho; o sexto, Mercúrio Pai, apóia, completa e sublima o Sol Filho; e a Mãe se basta a si mesma, mas está dividida, inclusive para proporcionar agasalho ao Grande Filho, Marte, servindo de ponte completa (suportes terceiro e quinto) para que este encontre o Grande Pai, o Eterno e Oitavo pois, como Vênus estimula a própria criação do Filho, Marte, de onde surge na simbologia astrológica ordinária o "macho e fêmea", Marte e Vênus.

Eis como podemos visualizar o que seja e como se desempenha o setenário.

Esta a linguagem que formulamos e que achamos oportuno aplicar.

Com o sete, está formada a plataforma da criação.

Que, por sua vez, pela polarização agora horizontal, provinda da própria vertical, gera o número 14. Este, quando em completa e interagente atividade, é equilíbrio.

No campo superficial, extensivo, esse 14 é mensurado em quatro pontos extremos, que podemos por analogia chamar de Norte, Sul, Leste, Oeste. Dizemos: limita-se ao norte, ao sul, a leste, a oeste. Quatorze vezes esses quatro pontos resulta em 56. Essa a quantidade de vivenciações condicionais mas irrenunciáveis que cada ser da Terra precisa executar para passar a entender o processo da criação.

Esse 56 é o número dos propalados Arcanos Menores do Tarô, lâminas individualizadas que no seu conjunto representam o "jogo da vida".

## HIERARQUIAS

A fonte das hierarquias da Terra só poderia estar no Céu.

Do grego *hierós*, sagrado, compondo-se com *arché*, governo, esse propalado "governo sagrado" deveria necessariamente provir de um plano superior em cabedal.

O fato é que a seqüência para se conquistar a consciência haveria de obedecer a uma ordem.

Não é o propósito desta singela obra descer aos detalhes da Criação, como o fazem Helena Blavatsky, Henrique José de Souza, Mario Roso de Luna — dentre outros — em seus escritos e tratados.

Mas apenas elucidar o leitor de que as propostas se englobam e desempenham em "sistemas", a serem vistos como os conjuntos de unidades e operosidades complexas, que interagem e se completam com a formação (integrada às antecedentes e subseqüentes) de patamares de compreensões, tanto das propostas exteriores (de conhecimento) quanto interiores (de realizações) dos seres que estão lançados nas torrentes.

Assim chegou-se ao homem, como analisaremos no próximo capítulo.

Poderemos falar, portanto, em "deuses", além de especificamente "num Deus", este inefável e irrealizável para o pensamento ordinário. Em deuses, como é o escopo da Teosofia, buscando trazer à realização cotidiana a sabedoria desses deuses, divina nesse sentido, e não de um deus que seria passivo de antropoformização, ganhando erroneamente a forma humana.

COSMOVISÃO                                                                    **37** |

Os sistemas mencionados, sempre em número de 7, que marcam a própria possibilidade da Criação, como se viu, são solares na sua ampliação máxima, mas carecem de novos e renovados detalhamentos.

Seguida essa postura, para um Solar temos 7 Planetários; e para um Planetário temos 7 Cadeias, formadas estas de 7 Globos cada; e, apenas para aproximar, um deles é, neste momento, a nossa Terra, na qual se desempenharão sete estágios de vida, em autênticos surtos com princípio, apogeu, perigeu, ainda estes subdivididos e sintetizados, como raças, sub-raças, ramos raciais, sempre no sentido esotérico, e não científico oficial.

Elucidando um pouco mais a idéia, vaga, vale insistir que esses globos ocupam regiões — por assim dizer — invisíveis mesmo à nossa curiosidade sensorial, provindo de planos etéreos, como aqueles da formação clássica da matéria (radiante, subatômico, atômico) para igualmente, ao final de uma jornada também sétupla, se desvanecerem em estágios símiles, de valores maiores para a aquisição da futura espiritualidade.

Ocorre que, a cada fecho de um sistema, maior ou menor (Solar ou Planetário), um poder consciente se forma. No maior, a hierarquia subjacente, que percorreu o itinerário de 7 etapas menores, subdivididas (para se completar um Solar, foram vividos sete Planetários), pela capacitação alcançada acaba vivendo num plano interiorizado da nova hierarquia que se desempenha no sistema planetário em desenvolvimento. Vale dizer, fica sendo o "espírito" da "matéria" em formação, como ocorre nesta nossa atual condição: matéria e espírito são uma constante nos mundos todos que se formam.

Como já dissemos, nos impedimos de fornecer títulos ou nomeações para as referidas potestades, bastando ao leitor atento que fique a idéia.

Por cobro, ininterruptamente tais entidades superiores bafejam, inspiram e orientam as torrentes evolutivas de seus próprios planos. Daí acertadamente dizer-se que ocorrem, em concomitância, as atuações de várias *lokas* (locais, localidades, em sânscrito), nos moldes de "... na casa de meu Pai existem várias moradas ...", como teria referido o meigo nazareno, em realidade nominal, Jeoshua Ben Pandira.

Apenas que a consciência humana comum não chega sequer a tangenciar o mistério, quanto mais conceber esse estado de coisas.

Em esforço inaudito, o leitor cuidadoso refletirá sobre essas afirmações do esoterismo.

E, estamos certos, tirará o proveito ínsito, qual seja: sintonizará mundos e estágios estranhos à maneira comum de ver os fatos, mas confortável quando se caminha para o convívio constante da matéria com os dons do espírito.

Para fecho dessa proposta de entendimento, temos que, em suas naturezas gradativamente diferenciadas, as 7 potestades primeiras, de proveniência direta da idéia *mater*, trina no seu desempenho, são igualmente trinas como reflexos da proximidade; no conjunto, representam, portanto, 21 pontos ou tônicas. A junção com a idéia raiz, una na sua essência, nos conduz ao número 22, quantidade magna dos Arcanos Maiores do mesmo referido Tarô.

## FINALIDADE DA CRIAÇÃO

É o momento de enfrentarmos a indagação-chave da **finalidade** que deve existir quanto à trama descrita.

Por que nós, humanos, estamos aqui? Qual o nosso estágio? De onde viemos e para onde vamos?

Apresenta-se impraticável responder "quem somos", pois cada um guarda, certamente, uma individualidade própria, particular, trabalhada com características ímpares, que o coloca em faixa *sui generis* no plano dos efeitos repercutidos.

Portanto, na somatória do acervo individualizado, um ser humano não se confunde com o outro.

Tudo porque a expectativa futura da evolução é que cada um, na consciência expandida ao máximo, possa ser o centro de um novo universo, antevisto aqui um futuro de cronologia inimaginável.

Contudo, no plano geral podemos intentar a resposta a essas perguntas.

Dizem as escrituras consentâneas com a nossa compreensão que o Criador primário, o Inefável, o Sem-Nome, quando do momento de

COSMOVISÃO

expansão irradia incontáveis pontos de vida latente, os quais latejam em Si próprio. São as *mônadas* a que aludimos, os "princípios de vida", as vidas se iniciando.

Tais *mônadas*, de estágio primário incipiente ao início de cada *maha* (enorme) operosidade, são pura energia: elas desconhecem o que são, ignorando, mesmo, serem provindas do seio da Divindade.

Toda a construção dos mundos intenciona conceder-lhes a noção mais completa de sua verdadeira natureza.

Alçada por seus caminhos próprios, enriquecidos pelos experimentos que essas *mônadas* tenham ocasionado com suas particulares atuações, esses princípios de vida, assim trabalhados, estarão em condições de ser transformados e trasmutados em deuses, atuando na formação de mundos renovados, até serem o centro de novos universos que se manifestem.

Cada universo tem um tempo de duração.

Mas são incontáveis em números.

Ou seja, reafirmando o sentido, uma sucessão infinita de universos finitos.

Sempre proporcionando a transmutação das *mônadas*, para a enormidade sempiterna do Deus único e verdadeiro.

Isso somos nós. A isso nos destinamos.

Contudo, a matéria mancha, conspurca.

Na preservação do seu conteúdo, ainda que não revelado para si mesmo, a cautela determina que o invólucro pode ser colocado em risco; a essência, não.

Habitando a "casa do Pai", "vem" ela, *mônada*, ao mundo, através de um artifício; um elo, contudo, perfeito e completo para enfeixar todos os experimentos dignos de serem guardados; um "fio" inexpurcável, cognominado no Oriente de *sutratmã*, "fio do Atmã", ou a Ariadne do mito grego, que é da natureza mesma do *atmã*, da centelha de Deus.

E se reveste de roupagens, através das quais troca com o mundo, haurindo o necessário para a sua "retomada", a da sua natureza divina e criativa.

Ao final dessa peregrinação, retoma a habitação de origem, da qual, a rigor, nunca se afastou, mas à qual reconhece como sua única e verdadeira casa.

Como somos capazes de chegar a esse entendimento, uma certeza podemos levar: a de que ultrapassamos o quarto passo, a quarta etapa, aquela da reversão. Até então, víamos a vida como energia, como mera força, e estávamos agrilhoados ao poder; além desse momento, assumimos gradativamente o real conhecimento do fenômeno que nos envolve, agregando a verdadeira consciência, como em um despertar da dormência que nos conduzia atabalhoadamente pelo percurso da tentativa vã de uma saída.

Embora, repitamos, a consciência trina advenha prontamente, seu despertar está notoriamente jungido ao empenho pessoal, um desforço da própria personalidade, que vai descobrindo, retirando, afastando os véus ilusórios nos quais durante milênios esteve mergulhada.

É o "retorno do filho pródigo à Casa Paterna". Ele consumiu suas experiências, para, afinal, reconhecer e adotar o seu verdadeiro lar.

Enalteçamos cada um sua *mônada* neste inaudito trajeto.

# Capítulo II

# Anthropos, o homem

Este nosso trabalho tem o compromisso com a verdade da nossa visão, pelo que não se enquadra, certamente, entre os clássicos no que diz respeito às colocações comprovadas.

Contudo, pela dignidade, altivez, prudência e qualidade da "fonte em que bebemos", estamos cônscios — e consonantes com a sensibilidade interior despertada — que o estudo humano se deparará com o limite da razão sem que tenha podido responder às indagações básicas, as quais, evidentemente, estarão no patamar superior da mente abstrata, que não se confunde com a fantasia e nem com propostas meramente cerebrinas.

· Eis por que a Antropologia (tratado sobre o homem) não alcança o cerne do surgimento da raça humana; justamente por não admitir a intervenção direta do plano arquetipal, modelo pelo qual foram criados e estabelecidos os mundos, priorizando, desde os primeiros passos, neste nosso universo, a formulação do denominado "homem". Ver-se-á que esse homem foi estabelecido "nos moldes do Criador", mas não desde logo percebido em sentido analógico e similar: colocação precipitada e imprudente, que mais fez por empobrecer a nobreza da assertiva, a qual é, aliás, correta.

Muito já se atuou para a quebra dessa visão fisiológica, que levou a imaginar Deus no formato humano.

Quando Rudolph Steiner (alemão nascido no século XIX e que adentrou o século findo), expôs e compôs a sua Antroposofia (sabedoria do homem, ou humana, se quisermos), proveniente que era do movimento teosófico, uma de suas finalidades eleitas era justamente a de combater e desmascarar esse erro, fruto em grande parte da ignorância, mas endossado pelo parco investimento havido para se chegar à Sabedoria Eterna.

Assim é que, segundo a narrativa dos fastos esotéricos, milhares de ensaios foram promovidos pelos deuses para se estabelecer a figura, o porte humano, que haveria de recepcionar a qualidade essencial daqueles páramos.

Esse padrão não poderia refugir ao modelo estabelecido nos céus: ao contrário, haveria de ser um retrato, esculpido no estágio material, mas respeitoso ao acontecido no Trono Intermediário, onde os arquétipos são determinados.

E que estivesse, desde logo, atento e voltado para o seu futuro, responsável em desenvolver e desempenhar o estofo da sua gênese.

Deveria esse homem primitivo ser formado para agasalhar o reduto da mente cósmica, incumbida, em sua doação, ao incompreendido Senhor da Luz — Luz, aqui, como esclarecimento definitivo da fonte divina, da qual a criatura era oriunda.

Qualificado, no esoterismo, como o Planetário responsável pelo resgate final da condição que se estabelecia — humana, pois, na sua proposta — esse esplendoroso Ser, Lusbel (a formosa Luz) ou Lúcifer (a Luz das esferas criadoras), foi, na conveniência das capciosas doutrinas religiosas formuladas pelos respectivos filósofos incapacitados de alcançar o valor dessa magnitude, confundido como o lado negativo e comprometido do trajeto que a criatura haveria de palmilhar. Mais que isso: identificado como a força do Mal, apagando, o homem, a rude realidade de que esse Mal está composto e alimentado pelo negrume de uma face da sua alma, resistente em se ver transmutada no brilho que reinará para o final dos tempos.

Se pudéssemos — o que é impróprio — utilizar uma linguagem compreensível (o que faremos tão apenas para facilitar o sentido que o leitor poderá ter dado a esse magno e definitivo fato cósmico), aplicou-se, na imperfeição humana, o mau uso de transferir o informe de algumas fontes profundas e autênticas, de que a "sonegação" ocorrida entre os deuses, da parte daquele que deveria trazer a prova da condição mental libertadora, equiparava-se a uma "rebeldia" ou "revolta" irreconciliável para o entendimento obtuso e radical.

Como se entre os deuses existisse essa indecorosa proposta de fomentar, entre os extremos, o pomo de uma batalha sem fim, da qual restaria um vencedor, mas pela qual todos perderiam...

É a incapacidade humana de conciliar, porque acostumada à lide e à disputa, que exacerbou os dois valores, preferindo um e execrando o outro.

Deus, a Escolha; e Diabo (*Dies + ab*, o primeiro Deus), a Afronta, serviu e ainda alimenta essa "guerra" insensata, distante da realidade dos céus, que de um lado dificulta, psiquicamente, essa notável aproximação dentro da proposta humana; de outro, serve de esteio à submissão emocional e à exploração material de tantos quantos não são honestamente esclarecidos. Crimes de lesa evolução, evolução à qual todos os portadores da centelha divina têm direitos irrenunciáveis, pois esse é o cerne da proposta implantada pelos criadores.

## PRIMEIROS HOMENS

Os inúmeros "ensaios de se formar o homem", como referimos, têm como motivo o fato de a proposta material ser, a seu tempo, inovadora.

E deveria atentar para o que acontecera nos céus, sob pena de se pecar contra a coesão necessária do ser elaborado, a partir da quinta etapa capacitado, por si, a seguir o esquema traçado, reavivando a memória de seus ancestrais divinos, nesse ser definitivamente gravada.

Como aconteceu.

A estrutura padronizada no alto, a ser percebida, conscientizada e desempenhada — a partir de então — pelos seres de baixo, exigia a repetição, na forma humana, daquela postura cósmica.

Da mesma forma que a criação dos globos das cadeias dos sistemas (como já vimos na primeira etapa deste trabalho) proviria (em criação ao ser) dos planos etéreos até alcançar os mais densos (e o de densidade máxima no eixo do setênio, quarta etapa, portanto) o homem mesmo haveria de ser etéreo, tênue, informe para a nossa formulação atual, naquela inauguração.

O que acabou perdurando por duas fases.

Dessa maneira, os "dois primeiros homens" concepcionados pelos deuses — em realidade, legiões deles, ingressados pelo pólo norte do planeta em evolução, a nossa Terra — eram imateriais, diáfanos. Autênticos esboços. Ensaios quase informes.

O protótipo que lembra o homem atual apenas se instalou após os meados da terceira fase, quando o ser de cinco pontos, do céu, o Adam-Kadmon das vetustas escrituras hebraicas, bipartido que estava em proposta dual, reverbera no mundo alimentado, aqui como o Adam-Heve de incontáveis seres.

Com efeito, o Homem Cósmico detinha o acervo dos deuses, que sustentava quatro primeiras fases de estruturação, acrescentada de uma fase a mais, a quinta, de possibilitação realizadora.

Daí a figura-chave do desenho de Da Vinci, o Leonardo hoje muito debatido, que foca o homem em dois concomitantes momentos: de pé, braços e pernas perfilhados à maneira militar; e de braços e pernas expandidos, em atuação, a cabeça firme, por onde ingressou a viabilidade mental do esclarecimento.

Milhões de anos se passaram na nossa cronologia, até que se instalou o modelo dessa forma, a qual gradativamente foi se destacando do ensaio pelas próprias experiências que passou a ter.

Tal foi a etapa da Lemúria.

Os sentidos, correspondentes aos atuais, mas em diapasões diferentes, vieram a ser acrescentados.

A audição, naquele primitivo e primeiro ensaio, para que o homem percebesse o sibilar do concreto, com o qual deveria se acostumar.

O tato, para que pudesse alcançar a circunscrição de seu corpo que se estava formando.

Na fase três, a visão, inclusive para promover a agudeza de enxergar longe, aspirando plagas ainda não conquistadas, mas que se fariam dignas de sua condição superior.

ANTHROPOS, O HOMEM

Vencido esse desenrolar, com detalhamentos que não vamos referir, fiéis que estamos de fornecer ao leitor apenas uma idéia geral, impunha-se um quarto passo.

O "mental" houvera sido doado. Com ele, o então homem pôde concluir o "eu sou", o que o individualizou. Essa personalização precipitou o desdobrar dos sexos, pois o que estava duplicado nos céus bifurcou-se na Terra.

Tratava-se (como se trata) apenas de uma estratégia para o reconhecimento da necessidade de uma fusão final, única via para se chegar ao Deus Único e Verdadeiro.

Mas, embora doado, esteve ele sendo tutelado, para que se evitassem graves e desnecessários desvios.

O ponto seguinte, contudo, exigia uma custódia menor, apenas estratégica. "Durante algum tempo."

A liberação plena do percurso da mente viria com a Atlântida.

Não sem custos, é evidente.

A matéria, já firmada como a temos hoje, deu campo a uma fertilíssima interação, pois os deuses, ainda presentes naquelas priscas eras, "involuntariamente" doavam seus brilhos; e, os atlantes, firmados nessa presença, atilaram enormemente suas criações. Mas, imaturos quanto aos fins, precipitaram seu destino.

A Atlântida restou destruída. E isso pelas próprias incúrias que seus habitantes cometeram.

## HOMENS ATUAIS

A planificação deífica haveria de prosseguir.

Importante será, nesta passagem, esclarecermos mais um dos cânones da cabala esotérica, que remonta à própria Cabala dos hebreus, e cujo conteúdo distante estava de ser compreendida pelos profanos, e sim apenas pelos letrados admitidos em sua simbologia, advinda da Tradição e repetida nos textos do *Sepher*, distribuído em livros, todos fiéis aos vetustos Livros da Criação, de fonte mais antiga, preservada pelos ários.

O cânone a que nos referimos expõe: o quanto ocorre no Cosmo na fidelização de sete etapas a serem percorridas, e para a qual a oitava é o encontro ou a chegada a uma consciência maior, mais completa; acontece no percurso da humanidade.

Vale dizer, entre os homens na corrente evolutiva, ao serem completadas sete variações — que são as propaladas sub-raças de uma Raça mãe, ou raiz, Raça aqui para a terminologia oculta, e não a da Antropologia — integram-se, em depurações pelos que mais progrediram no "retorno à Casa Paterna", as consciências alcançadas. Propiciando, como resultado, um oitavo núcleo, e formando o que no esoterismo teosófico-eubiótico denomina-se "oitavo ramo racial", responsável por implantar a própria seqüência racial objetiva.

Se quisermos para facilitar a idéia a ser passada, esse especial ramo racial vibra "uma oitava acima" daquele passo inaugural da Raça. Os afeitos à linguagem musical bem vão saber interpretar a analogia.

Essa real elite se formou quando do declínio atlante, pois as sete sub-raças dessa Raça ficaram bem distinguidas no decurso da sua vivência, o que não ocorrera com clareza na Raça anterior, assim dita Lemuriana.

Ocupando espaços geográficos diversificados na superfície do planeta, os atlantes desenvolveram seres privilegiados no desempenho mental-espiritual, máxime nos séculos que antecederam os cataclismos geológicos que ocasionaram a exterminação da maioria dos integrantes dessa Raça.

A literatura ocultista sobreleva nesses fatores da inteligência, a sub-raça semita, que liderou a aglutinação do oitavo ramo racial em formação.

Dessa memória terminológica advém a tradição, aqui apenas popular, de se constituírem, não propriamente os judeus, mas os hebreus, como um "povo eleito", com o reforço histórico da passagem de Moisés no Monte Sinai recebendo, para os de seu clã, os mandamentos diretamente da "Sarça Ardente", como palavras do próprio Deus.

Os primeiros caldeamentos daqueles homens privilegiados na evolução aconteceram, com significado para a necessária seqüência, na planície ao norte da atual Índia geográfica, o Pamir, meseta essa decantada

ANTHROPOS, O HOMEM

pelos contos religiosos asiáticos, que enaltecem em mistérios as bandas do Himalaia, notável cadeia de montes e montanhas.

A partir de então, a Raça veio se desempenhando em vários povos, valendo, nos desdobramentos, as histórias de cunho oculto ocorrentes entre os celtas, os druidas, os povos nórdicos, os aborígines (de autênticas fontes atlantes remontando às próprias tradições lêmures) guardadas nas memórias de alguns desses povos.

Alguns índios de ambas as Américas mantiveram e ainda mantêm fidelidade às fontes de onde provieram, quer no Norte, quer no Sul, sendo que no Brasil essa origem atlante está entre os povos tupis.

Nos subcapítulos mais recentes aparece, em destaque, a subdesenvoltura ária dessa Raça agora em desempenho, chamada "Ariana" no ocultismo.

Essa subetapa serviu a interpretações radicais e distorcidas quanto à verdadeira Tradição. Também dita germânica, deu azo ao desenvolvimento de atuações anti-raciais, deturpações de um labor que poderia ter enaltecido a necessidade de serem purificados alguns fatores, os quais ainda bloqueiam enormemente a dignidade de "humanos" que os homens devem assumir.

Esta Raça Ariana, em pleno desempenho, é a humanidade de hoje.

Agasalhando filhos diretos das duas Raças anteriores, descendentes de Cam (raça negra, na terminologia científica), Sem (os amarelos) e Jafet (os brancos), como filhos do Noé bíblico, responsáveis pelo repovoamento da Terra, a mescla racial no mundo é, hoje, uma evidência.

Maiormente entre nós, no Brasil, país que acolhe os mais diversificados valores raciais, muitos dos quais já amalgamados, e que aqui vêm desempenhar novos modelos miscigenados para a glória dos homens do amanhã.

### HOMENS FUTUROS

Como seremos neste futuro que se abre?

Sabemos que o trato mental tem atingido, entre alguns, seu ápice, dando passagem freqüente à inteligência, atributo do espírito.

Quando a inteligência ilumina o pensamento, abre-se uma renovada perspectiva.

Abstrai-se.

Alcança-se o que chamamos, no esoterismo, a "mente superior".

Chega-se à conciliação dos paradoxos, como seja, à valoração equiparada dos entendimentos que são antagônicos, que levam homens sábios, como certamente o foi o dinamarquês, cientista e filósofo Niels Böhr, no século passado, a afirmar: "O contrário de uma verdade profunda pode ser, também, uma verdade profunda."

Assim "pensará" o homem do porvir. Não apenas o pensamento linear, encadeado, dependente de um entendimento anterior. E sim a concepção total, geral, universal, holística (do *hólos*, grego: geral, amplo).

Com esse pensamento, o homem dos futuros séculos virá vocacionado, em estado de intuição permanente, sendo esse o seu deus; ou em comunhão irreversível e plena com a centelha do Criador, um santo entre os outros homens, mas um santo realizado, experiente, com a plena capacidade de distinguir o que quer que seja.

Em termos genéticos, como já se anteviu acima, homens portando a completude das raças passadas, portanto indenes, isolados, independentes de preconceitos, homens para os quais a fusão trouxe o benefício da compreensão ampla e sintética, e assentou a união desses milênios de atribulações, mas também progressos, tão necessários para ilustrar e condimentar a *mônada* imortal.

No futuro de séculos sem conta, o ser em evolução prescindirá da estrutura física.

Essa estrutura, contudo, não terá desaparecido; mas estará, isto sim, transmutada, pelas transferências conquistadas das matérias em essências, dos concretos em espíritos.

Símiles aos anjos hoje visualizados, o homem estará no reino da fraternidade e da paz, em seus mais abrangentes significados.

Cabe-nos aproximarmos deste nosso tempo, o quanto possível, esses esplêndidos padrões.

Muitos de nós vamos conseguir esse acolhimento, que deve partir de nossos íntimos, realizados nas idéias.

Afinal, vários chegam antes.

Cerremos fileiras.

"Reconstruir é o brado que nos compete", como deixou assente Henrique José de Souza.

A nós e a você, leitor atento.

# CAPÍTULO III

✴

# Histórias diferentes ... diferentes estórias

A terminologia "estória" aqui servirá de apoio para a tradição ocultista, que reiluminará para você, leitor, a visão para "o correto" dos acontecimentos.

Sabemos, pelas próprias ocorrências da atualidade, que a narrativa histórica é falha; e, não raro, distorcida, modificada pela conveniência de seus escritores.

A ponto de se ter afirmado que "a História, assim como a Geografia, tem seus desertos..."

Pode-se dizer que isso sempre foi assim, desde a invenção das escritas que grassaram entre os diversificados povos.

Primeiro veio a palavra. Depois, a escrita.

Como os primeiros vagidos sonoros, na tentativa de falar, implicavam sons aglutinantes, curtos, imperfeitos, primitivos ensaios no aguçamento do aparelho fonador, imitativos mesmo de alguns animais da época, tais impressões ressoavam incompletas, ou seja, falava-se menos do que se pensava. A verbalização era insuficiente quanto às idéias, mesmo considerando que estas eram poucas e esparsas.

Tal momento refletiu-se ao longo do tempo. Inclusive pela economia orgânica, pelas circunstâncias de se buscar um desgaste menor.

HISTÓRIAS DIFERENTES... DIFERENTES ESTÓRIAS 51 |

Na descritiva mental das imagens que vinham ao cérebro e mesmo daquelas visualizadas, intervinha a concepção imaginativa, inclusive pelas interferências de outras visões passadas, muito marcantes nesse passado antiqüíssimo. As concepções formadas eram débeis, e refletiam enfaticamente a compreensão de cada um sobre as coisas. A seleção logo veio se formando: o que dizer, e a quem dizer?

Vimos que, na convivência com os homens, os deuses procuravam falar, embora de forma expansiva, ao estágio mental da época.

Não se tratava de formar, e sim apenas de impulsionar a mente humana, pelo respeito necessário em não intervir no desempenho de uma nova hierarquia que haveria de se formar.

Tais fatores, alguns naturais, outros conformados às carências da boa gênese, pode-se dizer que aí estão em seus resultados.

Mesmo porque permeiam, ainda, as omissões...

Portanto, a história é a de quem vê, ouve, concebe e escreve. Com as restrições das percepções incompletas (dos olhos e dos ouvidos), as formulações próprias e as escritas insuficientes diante do que se entendeu, até mesmo pelo nível mental do escritor.

Por isso — e mesmo porque muito ouvimos e lemos — vamos colocar novas ou renovadas sínteses das angulações de algumas histórias.

Que nós, o leitor e eu, aproveitemos.

## CICLOPES

Os gigantes, embrutecidos em seus semblantes, com força física descomunal, cabelos desgrenhados e revoltos, e um só olho, existiram.

Foram, como já vimos, a distribuição morfológica primeira do que viria a ser uma parte ponderável da humanidade. O modelo de partida.

Para quem, como eu, já viveu por várias décadas, a figura do "brucutu" é familiar.

O olho, único, tem sua explicação na fase pela qual passava o desempenho da consciência, incipiente e embrionária nos milhões de anos do passado. Esse olho, com o passar do tempo, viria a sofrer uma regressão, naquela fronte então deprimida, embutindo-se no núcleo do cérebro, constituindo-se na hoje chamada glândula pineal — a qual guarda, por essas razões, como não poderia deixar de ser, uma memória ancestral específica daqueles tempos. Na seqüência, e doado que estava o "mental", com a possibilidade dupla da mente pela polarização necessária ao "crescendo", a visão também duplicou-se, resultando nos dois olhos, estes visíveis, do homem de hoje.

Vê-se, dessa forma, que a vida é um *continuum*.

Tal glândula, a pineal, é, sem dúvida, o núcleo da sensibilidade geral anímica do indivíduo.

Os gigantes apareceram nos principais pontos do globo, em que remanescem como origens da raça autenticamente negra, a mais vetusta e impressionada deste nosso mundo, a mais sábia na experimentação da vida.

A matéria orgânica de constituição do homem estava projetada, objetivada; dela se valeram as hostes dos céus, incumbidas de arquitetar na Terra os homens idealizados pelos deuses — hostes essas constituindo os chamados "Senhores de Vênus" — para induzir inclusive o encarne de outras formulações que idealizaram por conceitos próprios, eis que detinham poderes para tanto.

Dessa forma, enganam-se o pensamento comum e o científico: a humanidade não é una.

Quase que certo, assim foi para compensar os "destituídos do mental", que à época foi acrescido. Conhecidos, estes, sob a rotulagem de *amanasas* (mente negada) na literatura esotérica.

Essa entrega ou doação da possibilidade mental é contada de diversas formas nas teogonias dos povos. No cristianismo, com a lenda de Adão e Eva: a maçã proibida era a mente, pois esclareceria o entendimento das coisas, colocando em cheque o domínio absoluto de Deus.

As disparidades a que nos referimos partilharam a humanidade.

As decorrências dos ciclopes forneceram uma humanidade maior em preponderância, contudo não exclusiva.

A forma, que se plasmou, foi utilizada, com as modificações de nuances, insculpidas na figura do homem, pelo poder — artístico, em palavras nossas — que aquela quinta hierarquia, a "venusiana", detinha.

HISTÓRIAS DIFERENTES... DIFERENTES ESTÓRIAS **53** |

A expressão "figura venusiana", pela estética insinuante, tem sua razão de ser.

À época, tanto foram objetivados alguns gênios da natureza, com padrões femininos de encantamento; como puras formas de magnífica beleza, até mesmo para que os integrantes da corte luciferina encontrassem a volúpia necessária para as concessões mentais aos "seres da Terra".

O homem concebido nos céus, com cinco angulações (cabeça, braços — dois — e pernas — duas), passava a ter nutrido o seu vértice para cima, incumbido de dirigir o quaternário restante, gerando uma impressão tão aguda que até hoje se confunde o poder pensante com o cérebro, um notável engano.

Restava o desafio da mescla desses tipos.

Os primeiros ensaios se fizeram naquelas vetustíssimas eras. Estéticas fêmeas foram inoculadas por traços mágicos. Como exemplo, as fadas se apresentaram com morfologia humana, fonte das lendas que vêm até nossos dias; sílfides, admitidas como tal, ganharam um salto na identidade das coisas.

A miscigenação, interditada por séculos infinitos, agora tem o aval da natureza.

E os tipos básicos, assim como os parcialmente derivados, intervêm entre si, para produzirem outros tipos em incontáveis modelos, já aquinhoados pelo dom da fertilidade.

Essa a esteira, em tênue superfície, dos ciclopes aos nossos dias.

## "ESPÍRITOS"... X MATÉRIA

Muito embora platônicos e neoplatônicos tenham nos legado (há mais de 15 séculos até os anos de 1800 da nossa tradicional contagem pelo calendário gregoriano) conteúdos extraordinários sobre uma sabedoria eterna, formando duas escolas inigualáveis para a ponte necessária entre iniciados e leigos, o certo é que, após a histórica "idade das trevas", a Idade Média de nossos estudos acadêmicos, urgia tivesse o mundo, desta vez na angulação ocidental, um renovado élan, o qual acima de tudo enfrentasse o grosseiro materialismo que se formara, e ao mesmo tempo avançasse para intentar o entrelaçamento com os avanços tecnológicos e científicos de um breve porvir.

O depoimento que seria intermediado pelo especial ser, nomenclaturado na forma feminina como HPB — Helena Blavatsky, à qual dedicamos um título em destaque, mais adiante — haveria de ser precedido, ou mesmo intercalado, por acontecimentos que devessem pontuar (mesmo que em tons esquisitos, com estardalhaços inusitados) a concorrência de um outro universo em paralelo e em íntima relação com aquele objetivado (embora deste igualmente muito pouco se conhecesse), mas que era palpável, sensível e, em alguns pontos, constatável.

A Grande Fraternidade Branca assumia a oportunidade e a urgência dessa tarefa.

E a realizou, como sempre, de forma sutil e respeitosa, pelos bafejos da inspiração e da insinuação, formas únicas de intervenções, quando devem influenciar diretamente os homens.

Mas, desta feita, no campo indireto, sem o aparecimento visual dos mestres. Impunham-se efeitos físicos coordenados, sistemáticos, realmente marcantes, os quais, para a segurança da empreitada, deveriam ser controlados em sua gênese, não permitindo, pois, quaisquer delegações.

E não foram, realmente, delegados.

Postado em um de seus magníficos redutos, em pleno México da América do Norte, o Governo Oculto do Mundo, reunido em projeções meditadas, iniciou sua ação.

Da Península do Yucatã emanava-se a irradiação.

Esses eflúvios principiavam o preparo antecipado de mentes e corações humanos, para que, pelos meados do século XIX, a fenomenologia agisse — como agiu — sobre o campo físico. De fonte duvidosa, e com efeitos inexplicáveis à investigação humana.

Assim se marcou o princípio dos fatos que envolveram a família Fox, de predileção e práticas metodistas, e cujas investigações levadas a cabo, na época, identificaram os efeitos físicos provocados, em "pancadas" de uma velha casa que habitavam, como provenientes do "espírito" de um caixeiro viajante há anos ali assassinado, a pedir "justiça" contra seu

HISTÓRIAS DIFERENTES... DIFERENTES ESTÓRIAS **55 |**

algoz. Fatos passados em Haydsville, do então condado de Nova York, Estados Unidos da América.

O que o mundo em geral ignora é que tais efeitos físicos, na realidade, foram provocados à distância pelos dignos e excelsos membros daquela Fraternidade, postados em labor, pela humanidade, em região da apontada península.

Logo, sem intervenção alguma de "espíritos" ou almas, na terminologia mais adequada, e sim pela prática de poderes que nós, homens, desconhecemos.

Essa "ação à distância" foi, posteriormente, substituída por gênios especiais que habitam regiões inauditas da Terra, quando na Inglaterra ocorreram os fenômenos de Katie King. Ela mesma um *jina*, a dar prova da existência de um "outro" ativo mundo, para a ilibada investigação de um sábio inglês, *sir* William Crooks.

Fatos esses confundidos pela doutrina espírita — então emergente — como se tivessem sido provocados por "almas desencarnadas".

Graças a tais acontecimentos, Leon Hyppolite Denizard Rivail, o *Allan Kardec* como sumariamente se nomeou, pôde deitar um novo sistema de complacência e comiseração, bálsamo para os povos ocidentais arraigados aos envolvimentos da matéria. E Blavatsky, de forma doutrinária mais ampla e completa, nos legar, ainda por mensagens diversas vezes diretas dos Mestres, um entendimento mais atual para a inteligibilidade das pessoas sobre a Teosofia, a sabedoria dos deuses.

O fecho da atuação desses especiais "seres invisíveis" ainda invadiria o século passado.

Como fora o vaticínio da própria HPB na introdução da sua "Doutrina Secreta", adviria, no século XX, um discípulo mais bem preparado, para então fornecer as provas irrefutáveis da existência dessa inigualável doutrina.

Os adeptos se aproximaram e atuaram para a formação de Henrique José de Souza, que em uma esteira complexa, dificílima de ser narrada, completou o ensinamento truncado em 1891, quer pelo passamento da mestra Blavatsky, quer pela incompreensão que à oportunidade grassava, a impedir um desempenho mais franco dos ensinamentos que a mesma deixou.

| 56    EUBIOSE

Este "lado masculino" completava "aquele feminino", pois sol e lua são os títulos que se fundem para a harmonia perfeita.

Foi se formando uma nova religião, o Espiritismo, que renova induvidosamente as esperanças da humanidade, e que pode, como acontece e acontecerá com seus mais proeminentes membros, se abeberar em fontes de mais oportunas elucidações, como são os ensinamentos teosóficos e eubióticos.

Tudo convergindo para um sucesso mais amplo e justificado da felicidade que o homem persegue.

E que há de vir.

## FECHO DO PASSADO, ABERTURA DO FUTURO

Nos tempos mais atuais, espiando-se o surto ocidental da civilização, o evento mais marcante que transformou diversos hábitos do passado e iniciou renovadas marcas para o porvir foi, sem qualquer dúvida, aquela que se convencionou chamar historicamente de "Revolução Francesa".

Em momento algum esse evento equiparou-se a uma "quartelada", modelo de desordem que se transmuta em "ordem" após modificação do estado de coisas com novos regramentos institucionais, quais sejam, de organização de um povo ou mesmo de uma nação. Aqui, o inconformismo geral, ainda débil e vacilante, é captado por uma faixa extremista que conta com equipamento de ações, tomando a dianteira e implantando acontecimentos que mudam algumas estruturas. Sem o condão, contudo, de atender os mais importantes pedidos, as mais necessárias reivindicações, em uma evolução falsa e meramente partidária de idéias fronteiriças, que mais acabam retardando que atendendo mudanças a acontecer.

A Revolução Francesa significou um caudal agasalhador do anseio de mutação guardado na intimidade do povo francês, anseio esse alimentado pelo concerto de civilizações paralelas vizinhas, especialmente contristadas pelos privilégios de uma casta assegurada — até então — no poder de mando, em prejuízo, em detrimento de uma vida mais digna para o dia-a-dia, escorchados, os cidadãos comuns, pela desfaçatez

# HISTÓRIAS DIFERENTES... DIFERENTES ESTÓRIAS

da nobreza instituída, somada a uma carga insuportável de ônus e tributos. E mantenedores, esses elementos, de vivências miseráveis e ânimos flácidos para reações positivas de mudanças.

Vamos cingir nossa narrativa a breves mas significativos episódios acontecidos *a lattere* da narrativa historiográfica.

Para que o leitor veja satisfeitas algumas indagações que, nós, interessados e atentos, costumamos fazer, inconformados pelos dizeres dos "fatos oficiais", insuficientes para a nossa tranqüilidade e nossas aspirações, motivadoras de nossos íntimos.

As figuras centrais deste escrito são *le Comte du Saint-Germain*, Cagliostro e José Bálsamo, que, em vez de soltos no contexto, simbolizaram e desempenharam um curso perfeito às necessidades daqueles acontecimentos, atuando em *pendant* com as proeminências de cada oportunidade.

O Conde de São Germano surge, admitido às passagens da corte francesa, em compasso sutil e quase despercebido. Nobre, provindo das paragens européias do leste do estado de França, achega-se especialmente à parte feminina do casal soberano de então, *Marie Antoinette*, cuja personalidade asseguraria, por influência direta, a possibilidade de mudanças urgentes que poderiam desviar o vaticínio existente de alterações dos fatos pela força e por mortes precipitadas.

Enigmático e com poderes excêntricos, o Conde de São Germano detinha o absoluto domínio de sua estrutura física, que lhe possibilitava rir com uma lateral do rosto, e ao mesmo tempo chorar com a outra; escrever concomitantemente com as duas mãos temas diversificados, em poesia de um lado, em narrativa do outro. Ele nunca foi visto se alimentando. Surgia como por encanto, sem revelar de onde vinha, afastando-se, de igual modo, sem dizer para onde iria. Conhecedor raro de idiomas, os quais falava com fluidez e sem sotaque, era ainda excelente *expert* em ourivesaria e jóias, e musicista ímpar.

Ele colocou todo esse seu acervo em intentar o convencimento da rainha de que "mudanças urgiam". A força do convencimento desta deveria influenciar *Louis XVI* para que a corte se transfigurasse em parcimônias de luxo e gastos, que desaparecesse o desplante do desperdício, desbaratado em festas pomposas e custosas; e com a decorrente necessidade de uma maior aproximação e sensibilização para as necessidades dos governados, atendendo às suas estruturas básicas mínimas.

Seu empenho, contudo, foi em vão.

A "face da complacência" foi frustrada.

Principiou, então, a aparecer a "face da cobrança", nos moldes, aliás, dos ensinamentos da vida. À normal e benfazeja condescendência dos pais, sucede-se o rigor do meio social. Os filhos serão trabalhados pelo amor ou pelos desgastantes embates.

Filho de um episódio curto no tempo, mas autêntico na paixão, entre Luiz Armando Constantino e a Condessa de Tavernay, alentado pelo romantismo da "Ponte dos Suspiros" em Veneza, foi o Conde de Cagliostro concepcionado. Após diversificadas traquitanas para ocultar a gravidez da Condessa de Tavernay, é a régia — veremos por que — criança abandonada, após nascer, em uma das ruas, trazendo uma camisola branca na qual estão gravadas três iniciais: L.P.D., sugestivas de sua missão: a do *Lilium Pedibus Destruere*, qual seja, a de destruir a Flor-de-lis.

Uma explicação muito necessária: sua tarefa magna não era antiespiritual, pois é, a autêntica Flor-de-lis, o símbolo esotérico do poder espiritual, como a *Swástika*[*] o é do poder material. Seu mister era, isso sim, o de desmontar os efeitos daquela Flor-de-lis, já então indevidamente utilizada pela corte de França, não honrada como deveria, e sim conspurcada que estava pelas nefastas ações da dinastia dos Bourbon.

Seres que estão além do estágio de consciência da humanidade, nomeados como Adeptos da Boa Lei, acolheram a criança em sua comunidade, criaram-na e prepararam-na para o seu destino.

Ao seu percurso, que a História oficial conta, vamos apenas acrescentar que ele, Cagliostro, igualmente detinha poderes estranhos. Dizia ter conhecido diretamente, por leitura nas pirâmides do Egito — onde estivera — o destino dos povos, e, enfronhando-se na cúpula

---

[*] *Swástika*, símbolo progressista e evolucional dos jainos, na velha Índia, rotação das hastes no sentido horário; ao contrário, a *Sowástika*, adotada pelo nazismo, rotação inversa, no sentido involucional e destrutivo.

daquele país, França, através da maçonaria, alardeava estar filiado à única organização digna de um título autêntico, provinda diretamente da *Ordem Rosacruz dos Andróginos*, fundada séculos antes, naquele mesmo Egito, por Kunaton e sua contraparte Nefertite, casal, aliás, andrógino entre si.

Preso por mais de uma vez, foi, por derradeiro, solto por intercessão do Papa da época, este influenciado por parte da família dos Tavernay, que sabia de sua origem.

Nas suas ausências, era substituído por José Bálsamo, aparentemente um homem do povo, mas que compunha essa altissonante tríade. Com sua carroça de vendedor, assumia, em intervalos, o comando e mesmo a personalidade marcante do Conde de Cagliostro, visto, então, até com a aparência física deste, pois fatos tão necessários para o bom curso do mundo são envoltos em mistérios variados — e, um deles, é o dessa quase ubiqüidade ou poder de estar em dois lugares ao mesmo tempo.

Fica levantada uma das pontas do vasto tapete que encobre a realidade dos acontecimentos tratados.

Tal narrativa não é de nossa criação: essa não é a nossa história. Consultamos fundamentos que a autorizam, e esperamos ter tido a felicidade de aguçar a curiosidade do leitor para novas verificações, pois acima de tudo o que vale é a plenitude de nossas respostas íntimas, que mais e mais devem se aproximar do acervo psíquico e espiritual dos acontecimentos visíveis, condimentando-os com a excelsitude dos invisíveis.

## ATLANTES

Outro ponto sobre o qual a humanidade raciocina com dúvidas envolve a Atlântida.

Terá ou não existido esse enigmático e até certo ponto romântico continente? Caso a resposta seja afirmativa, qual o teor e o alcance de sua participação para a história?

Os fastos esotéricos que estamos trazendo, teosóficos e eubióticos, são induvidosos: a Atlântida existiu. Este, portanto, passa a ser o ponto de partida das nossas palavras.

As menções clássicas da literatura, pela pena de Platão, nos seus profundos e formosos diálogos, especificamente no *Timeu* e *Crítias*, não foram criações fantasiosas desse grande pensador. Iniciado que foi Platão nos Grandes Mistérios gregos daquela época, cinco séculos antes da era cristã, nos templos de Ísis e Elêusis, recebeu de seus mestres instrutores não só os informes "de boca a ouvido", como ainda constatou escritos ciosamente guardados.

Platão, no seu gênio ímpar, foi ainda instruído para passar, aos seus contemporâneos e à posteridade, o sentido definitivo do espírito no homem. E o fez de forma categórica, quando arquitetou a explicação dessa superior presença na sua conhecida "teoria" ou "alegoria da caverna", deixando ressaltado que vemos, comumente, sombras ou imagens, ao passo que são reais tão-somente as idéias, as quais só podemos "ver" pelos "olhos" da nossa essência, fiel reprodução do ensino hinduísta, que aponta o mundo ilusório de *Maya* como o principal gerador de nossos enganos e de nossas desditas.

Assumindo tal responsabilidade, em momento algum ele poderia ser o autor de levianas afirmações.

Ele fez, por si só, escola.

Retomada séculos após pela plêiade de renovados pensadores que grassou, tanto no Ocidente de então, como no Oriente, quando, pelo século IV já de nossa era, teve o teor do seu magistério retomado pelos neoplatônicos, como são conhecidos pela história da literatura filosófica.

A ilha de "Poseidon", que esse notável pensador, Platão, aponta nos diálogos referidos, foi na realidade o derradeiro reduto desse povo do qual nos originamos.

O continente era um só, que subsistiu por muitos e muitos anos daqueles 14 milhões do seu nascedouro, em elo genético direto dos mencionados ciclopes.

Cataclismos ao longo da história de nosso planeta, contudo, dispersaram essa massa geográfica em diversas ilhas, ou, se quisermos, continentes menores. Dessas ilhas, quase ao final do tempo da Atlântida, restaram duas apenas, uma das quais inspirou o esclarecimento de Platão como a ilha única.

HISTÓRIAS DIFERENTES... DIFERENTES ESTÓRIAS
**61** |

Para desvelar apenas uma passagem desse mistério que intriga os homens de ciência, temos que os indígenas, os selvagens básicos das Américas, aqueles cujo elo civilizatório é alvo de meras suposições, provieram dos territórios atlantes.

Quer os incas, quíchuas e outros desta sul-américa, inclusive os povos tupis deste Brasil, como os maias e os astecas da região mexicana, e ainda outros "aborígines" da América do Norte, têm essa fonte comum.

Ainda que provenientes de um surto civilizatório o qual se apresentou magnífico em seus resultados materiais, o apontado estado de selvagismo decorreu da perda do contato com a nata intelectual do estado atlante, que teve seu desaparecimento precipitado em condições catastróficas. A narrativa ocultista informa que o uso inadequado das elevadas tecnologias alcançadas precipitou o fim.

E, com efeito, o progresso externo deve sempre e sempre vir acompanhado do aprimoramento interno do homem.

Este o único casamento do qual poderemos aguardar saudáveis e felizes resultados.

A própria fonte da trajetória atlante vinha maculada de uma jactância imperdoável pela lei da evolução. A profanação dos valores deíficos atingiu o núcleo da pretensão: atingir o espírito pela fisiologia da estrutura física, em autêntica antropofagia — aqui já não mais o *anthropos*, mas o *théos*, e, portanto, uma teofagia — fonte primitiva do canibalismo que a história nos aponta.

Guardada no escrínio do ser humano, a centelha de Deus tem, apenas na teoria do "despertar", a tônica do acerto.

Ninguém nesse particular faz as vezes do outro.

As vertentes positivas da Atlântida deixaram entre nós o seu legado.

Essa vaga memória que alguns cultivam, mas, ainda, as provas físicas da evidência desse impressionante surto civilizatório, selarão o real encontro de provas induvidosas da sua existência.

Poucos anos nos separam desse achado.

Isto para o conforto dos saudosistas... antigos atlantes.

## POVOS DE REPETITIVAS NOTÍCIAS

O repetitivo volta-se, com o tempo, para o incipiente. O ineficaz. O desinfluente.

Os estudos dos povos repetem, costumeiramente, episódios soltos; com inúmeras suposições, mas parcos vislumbres.

Apenas a análise séria e profunda pode ocasionar revelações.

Os antigos hebreus guardavam, na trajetória do assentamento de seu povo, efetivamente a condição de "eleitos".

Eleitos porque constituíam a elite, o melhor que se alcançara naqueles vetustos tempos.

Como informamos ao referir a estruturação orgânica do homem, assim como a elitização se apresenta no processo da fertilização em si, os mais evoluídos de uma raça, ou sub-raça no sentido esotérico, acabam juntos, e por aglutinação genético-kármica.

As afinidades, mormente as de fonte essencial, determinam de vez essa aproximação.

Enquanto as pseudo-afinidades, autênticas expressões deletérias dos praticantes do mal, implicam a existência de cruzamentos quase ocasionais (e que seriam fortuitos, acaso se afastasse a lei da causa e efeito); já os *frateres* da conjugação do mundo para a glória da liberação têm, praticamente, "encontro marcado".

Os hebreus da origem, detentores dos conhecimentos da Criação, se de um lado detinham a confiança dos Planos Superiores, de outro estavam comprometidos com a passagem gradativa e sábia desses valores aos homens supervenientes, e à medida que esses homens fizessem por merecer.

Esse merecimento implica uma condição dual: de um lado, o empenho para o esclarecimento da Luz; de outro, o bom emprego desses fatores do despertar, com resultado pragmático do ponto de vista evolucional.

Os gregos surgiram, então, quer para impedir o caráter exclusivista e até mesmo segregacionista a que poderia levar tal acervo, preciosíssimo para a seqüência espiritual do homem.

Pensadores por excelência nos seus primeiros tempos, amparavam sua filosofia, a história que escreveram sobre o pensamento em si — ou

HISTÓRIAS DIFERENTES... DIFERENTES ESTÓRIAS

na sua aplicação ainda especulativa — na produção humana de espiar a natureza que os cercava, intentando, aqui, explicar o fenômeno insondável da vida.

Os povos hebreus, quiçá pela postura de retardar as passagens dos informes desse formidável acervo, tornavam-se, na sua maioria, escravos desse conhecimento, guardando-os apenas para si.

O cisma de suas tribos contribuía para isso.

Tudo o que o mundo merece receber de bom, e que esteja sob a nossa custódia, não pode nos tornar avaros por força da guarda em excesso: de bálsamo, transmuta-se em tóxico, e alimenta a perfídia, própria de nossa sombra, que tem de ser aniquilada na sua atuação.

Essa Sabedoria não se confunde com a matéria. Vale dizer, nunca pode ser objeto de pagamento. Há de ser passada "de graça". Assim recebida, essa há de ser a marca da seqüência a outros, igualmente "sem retribuições".

De escravos do conhecimento, muitos herdeiros desse povo foram feitos escravos na acepção literal sociológica do termo.

E, na dinastia grega dos Ptolomeus, aquele assim dito Philadelpho, intentou trocar o jugo em que mantinha inúmeros descendentes daqueles hebreus mais fiéis à Tradição, pela liberdade da revelação dos "Livros" que continham essa sapiência inédita para os demais povos, graças ao teor de sua profundidade.

Toda a história da criação e da finalidade da vida estava nos escritos do *Sepher*, amalgamados pelas poderosas passagens elucidadas ao pé do ouvido pelos mais capazes, estabelecendo um esplêndido teor intelectual.

Certo é, de um lado, que a comunicação desse conhecimento não poderia acontecer desavisadamente, de chofre, para propiciar a hipótese do mau emprego daquelas faculdades que tais entendimentos despertam.

O Conselho dos Anciãos daquela comunidade hebraica obteve autorização para passar o texto. Contudo, amoldado para a finalidade de apenas apontar esses mistérios, o que implicou sonegações e reais mutilações, fonte da Bíblia em sua versão helênica.

Os gregos cumpriam sua tarefa histórica de revolver o itinerário do pensamento, e nessa doação foram inigualáveis. Tudo o mais que decorreu na linha da filosofia foram variações, jungidas porém aos pontos legados pelos autênticos senhores da mente em atuação, aqueles pensadores da idade de ouro da Grécia.

Apenas teorias, contudo, não propiciariam o desempenho necessário.

E os povos romanos, práticos, expansionistas, sucederam as teorias gregas, pondo no desempenho da atuação vários teores do que apreendiam pelo pensamento.

O mundo restaria favorecido por conhecer aquelas fontes.

Como decorreu.

E ainda acontece.

## A AMÉRICA DESCOBERTA...

Ainda muito se descortinará sobre a figura que se apresentou ao mundo — e assim é conhecido — como Cristóvão Colombo.

Sem ser propriamente um visionário, e sim um cidadão possuído de visão própria, a fonte de seu surgimento ainda hoje suscita dúvidas.

Estudos recônditos da Sociedade Brasileira de Eubiose revelam que o real nome de origem adotado por esse enigmático ser era Salvador Gonzalves Zarco. O já pseudônimo, ou codinome escolhido, foi o de Christóvão Colombo, ou no Latim *Christoferens Columbus*, tradutível como "o que porta a pomba crística", aquele que traz a paz dos céus e também o conhecimento de um Trono superior, como representante do próprio Espírito Santo, segundo Ser da Santíssima Trindade na tradição cristã.

A discussão abre-se igualmente para o local de seu nascimento.

Alardeava-se genovês, da península itálica.

É curioso ressaltar que nessa mesma cidade, Gênova, séculos depois iria ser abandonada uma criança, conhecida posteriormente na história oficial por Conde de Cagliostro, eixo nuclear da revolução em França. Essa criança portava uma sobre-roupa branca, tipo camisolinha, com três letras em bordado, "L. P. D.", o *Lilium Pedibus Destruere*, como se-

HISTÓRIAS DIFERENTES... DIFERENTES ESTÓRIAS

**65**

ja, "destruir a Flor-de-lis", não a verdadeira, símbolo de poder espiritual; mas aquela adotada, contudo desafortunadamente conspurcada pela dinastia dos Bourbon, reinante naquele país da Europa.

Colombo tinha implícito o direito de dizer, como alguns outros, as palavras utilizadas pelo Cristo, consignadas nos testemunhos do testamento novo da Igreja católica, de que "o meu Reino não é deste mundo".

As circunstâncias da "descoberta" não cabem neste trabalho.

Contudo, a trajetória da própria evolução apontava o seu roteiro.

"Descoberta" ou aberta ficava a América, indicativamente da Central para a do Norte.

E aqui, nesta última, aportaria muitos anos depois um ser de elevada envergadura, com o senso da espiritualidade à pele, inspirada por Mestres, para fundar um eixo de real valor para a humanidade. Foi Blavatsky, e o centro de irradiação, a Sociedade Teosófica.

Todo esse desenho foi traçado inicialmente por Colombo e sua insistência. Até mesmo humildade e humilhações, pelas incompreensões e batalhas políticas das cortes de Espanha.

Contudo, "homens" de envergadura como a sua se submetem. Sabem, e muito bem, que está em jogo a compreensão futura de valores muito maiores.

E cumprem o seu trajeto.

Honra a Colombo!

## ...E O BRASIL MUITO ANTES VISITADO

As ranhuras nas pedras de nossa pátria são induvidosas: fomos visitados muitos e muitos séculos antes de 1500 dos tempos atuais.

A Gávea no atual Rio de Janeiro em sua pedra mater; as inscrições de Vila Velha no Paraná; as Sete Cidades do Piauí, dentre outras zonas contendo estranhos caracteres de escritas, asseguram não apenas a vida aborígine desenvolvida pelos índios que aqui estavam, mas a certeza de que povos outros, civilizados naquelas épocas, aqui estiveram.

Duas fontes deitaram nessa direção pesquisas que merecem ser mencionadas.

Uma, o nórdico Ludwig Schwenhagen, que deixou escrita a *Antiga História do Brasil*, do ano 800 a.C. ao 1500 d.C., referindo de um lado os povos tupis, originados dos vetustos "caris" da Caldéia do Oriente distante, como foram todos os povos cários, espalhados pelo norte da Sul América, com os títulos decorrentes, Caracas, cariocas e outros. De outro lado, consignando que aqui estiveram especificamente os fenícios, através de um soberano expulso de sua pátria devido a uma revolução, e que foi Badezir — uma das fontes de inspiração do próprio nome Brasil.

Sua narrativa foi completada por Henrique José de Souza, pois o historiador referido decifra apenas parte da inscrição contida na propalada pedra da Gávea.

O mencionado Yet-baal, filho do soberano Badezir, compunha sua existência com uma irmã, gêmea, Yet-baal-bel, e ambos, Yet-baal e Yet-baal-bel, intentavam a fixação de auras e vergônteas espirituais em tessitura que promoviam na hoje conhecida Baía de Guanabara, tentativa frustrada na sua finalidade última pelo soçobrar da embarcação em que estavam, e pela ação de forças nefastas contrárias.

Hoje, esse local, a pedra da Gávea, cujo interior ainda não se tem permissão para visitar, encerra um duplo segredo, pois templo é... mas túmulo também.

Outro homem que seriamente pesquisou e deixou seu legado foi Bernardo de Azevedo da Silva Ramos, o qual no século XIX legou seus estudos, acolhidos pelo governo de então e admitido para ser divulgado pela imprensa oficial da União, falando-nos das inscrições rupestres de nossa pátria. Trabalho de notável envergadura, feito por um brasileiro cujo pinçamento de iniciais do seu nome resultam naquele... Badezir, ou Badesir se quisermos...

Dúvidas inexistem para nós, esoteristas.

Contudo, homenagens ainda são devidas àquele que "descobriu" o Brasil para o mundo social e político.

Pedro Álvares Gouveia, depois Cabral, aluno da Escola de Sagres, a pátria-mãe Portugal, era um "homem" igualmente dotado de inspirações.

Sua insistência de uma mudança de rota, depois discorrida como resultante de "casuais correntes" que teriam afastado sua esquadra na altura do norte da África, falam mais alto quanto à sua intuição.

HISTÓRIAS DIFERENTES... DIFERENTES ESTÓRIAS

E o tempo era chegado.

O surto de séculos e séculos de expectativa estava para ser firmado. Como o foi. Para sermos os porta-vozes da espiritualidade.

Já, aqui, na haste sul da trajetória daquelas navegações.

Glória a Cabral!

## MONARQUIAS CAEM...

Especialmente dos fins do século XVIII até nossos dias, a História nos aponta a queda de diversas monarquias.

E, com efeito, a queda da realeza em França, na mundialmente famosa Revolução que teve seu ápice em 1789, com a tomada da Bastilha, torre da prisão em Paris que albergava incontáveis injustiçados, pela repercussão no mundo ocidental terá sido o ponto de partida das deposições de soberanos, inclusive nas bandas do Oriente.

Grassou, nos últimos dois ou três séculos, um vetor que aponta no sentido contrário ao do absolutismo.

Tempo houve, contudo, em que não era assim.

E é sobre esse período que vamos expor uma ilustração.

Ao lermos a matéria sobre *anthropos*, o homem no seu surgimento, constatamos a afirmação ainda esotérica de que, naqueles primeiros tempos, a custódia estreita para que se garantisse o desenvolvimento do novo *habitat* da mônada, centelha divina que está nos céus, praticamente exigia a presença do teor da Criação.

Os mitos de diversos povos, em especial os da Grécia, muito nossos conhecidos, aponta a vinda de potestades e a atuação de titãs intimamente ligados aos páramos do Olimpo, homens admitidos nos escaninhos dos deuses, por estes conduzidos em estreita intimidade.

Podemos mencionar Aquiles e Hércules, sem necessidade de referirmos outros.

Essas lendas, "verdades envoltas pelo véu da fantasia" como referiu Henrique José de Souza, denotam esse elo estreito de convívio entre deuses e homens.

Na Atlântida, essa interação foi real e prática.

Distribuído o povo em sete cantões ou cidades, sobressaía-se a existência de uma oitava, central, onde a própria essência do Alto se fazia presente, em forma dupla ou dual, já que a passagem da estruturação do homem nitidamente instalava nesse ser em evolução a consciência da matéria, ocultando aquela do espírito, nessa pseudodivisão avaliada assim até estes nossos dias.

Não sendo humanos, e sim divinos, estes dois primeiros deuses entre os "frutos da Terra", autênticos gêmeos espirituais, não detinham em suas veias o sangue do mundo criado, e sim o fluxo do mundo celestial da sua proveniência.

A cor que vibra como qualidade de matéria, em reflexo no planeta que evolui, a Terra, é vermelha quanto aos efeitos próprios deste globo; é azul na passagem do meio, que serve de elo, de ligação; e, amarela como pálido anúncio do Alto, trono primevo e primeiro.

As essências apontadas apenas poderiam ser provenientes do plano intermédio, pois o primeiro plano, o mais elevado, não se apresenta aqui; dentre outros fatores, por absoluta impossibilidade vibratória.

Essa a fonte original da nomenclatura que permanece até nossos dias, atribuindo, aos soberanos, o "sangue azul", alegoria ainda voltada para aquela realidade que habitou entre os homens.

Contudo, se real é que as primeiras decorrências monárquicas, pelo reflexo dessa importância e presença espiritual, mantida durante séculos e séculos como tradição, preservou o senso da pureza, mantendo — como manteve — no plano físico, uniões não alteradas por "homens comuns", além da postura nobre, consciente e construtiva doada por aqueles deuses, esse processo foi, com o tempo, se perdendo. E a mescla das "atitudes reais" com as "reações humanas" foi ocorrendo, passo a passo, tempo a tempo.

Hoje, nenhuma delas representa a autêntica realeza.

Todas de quase puro ou de puro "sangue vermelho".

Detidas por pessoas iguais a cada um de nós.

Monarquias apenas políticas.

Excepcionando-se uma ou outra, já de cunho não meramente político e social, mas de estofo religioso, quando fiel ao significado etimológico desse termo.

Por serem primordialmente políticas, geridas por monarcas simplesmente humanos, são destituídas. Caem.

Escritos antigos do Oriente, mormente do Tibete, apontam esse desenlace.

Na verdade, os homens hoje já se guiam; ao menos, têm a possibilidade e até a probabilidade desse êxito.

Aqueles grandiloqüentes exemplos passados pelos reis foram pouco a pouco abandonados, perdendo-se, com o decorrente declínio de seus outrora magníficos poderes.

Evidentes "sinais dos tempos".

## ...CONSCIÊNCIAS SOBEM

Na gangorra evolutiva, certo é que o progresso em direção à meta da espiritualidade sofre marchas e contramarchas, pois se de um lado conquistamos passos de avanço, ao renovarmos — pelo caminho natural do retorno — as condições materiais da existência por um novo ciclo, com o nascimento, o crescimento, o apogeu, o declínio e o desaparecimento neste plano, podemos dispersar o que houvéramos aglutinado para o sucesso da vida.

São os riscos ínsitos a essas novas condições.

Os textos esotéricos sobre essa matéria afirmam que as conquistas de um ciclo de vida amealham-se em um núcleo, chamado "átomo permanente", repositório dos sucessos, mas também das dificuldades e dos cortes no itinerário inspirado pela mônada, representada por um a um de nós individualmente. Este átomo situa-se ao nível da quarta dimensão, como vimos, o cognominado mundo astral. E essa esfera, esse centro, molda, dos planos concretos, os contornos mais apropriados para o renovado ciclo que está por se abrir. Aí volta à vida na matéria.

Esse "átomo", portador inclusive das inclinações e tendências, quer do último ciclo que houvera sido exercitado, como ainda aquelas pendentes dos anteriores, responde pelo resultado inclusive da forma que passa a ser habitada. O tamanho, as proporções, os traços fisionômicos, enfim todo o contexto projetado e aparente, correspondem ao nele, "átomo", contido.

Apenas o que tenha sido definitivamente absorvido pela centelha crística, enriquecendo-a das novas e conclusivas experiências exercitadas, e porque próprias do plano do espírito, carece ou dispensa um novo retorno.

Aqui reside a evolução demonstrada pelo ser que nasce.

Para que tal ocorra, necessárias se fazem as trocas sucessivas de condições.

Quem esteve rei ou nobre no passado mais recente, necessita, nessa ordem de idéias, vivenciar os agrumes próprios até mesmo das dificuldades materiais. Acaso tenha exercitado com propriedade e refinamento aquele estado de um ciclo que faz parte do passado, acha-se portador de uma autêntica âncora de sabedoria e sensatez. Até na simplicidade da nova vida denota gestuais aparentemente impróprios para as condições em que passa a atuar, mas vai aos poucos entendendo a realidade presente, e adaptando-se para o devido proveito que irá colher no momento da vida em curso.

Caminhos da Grande Lei.

Muitos orientais de antanho são ocidentais em nossos dias.

Outros "das cortes" são até mesmo operários nos dias atuais.

A pirâmide encimada pelos verdadeiros Reis, os Divinos, provenientes do plano celeste ou azul, e que sobrepunha sacerdotes a guerreiros, estes a comerciantes — título geral do passado a todos os que viviam dos negócios então possíveis — por sua vez, estes, comerciantes, aos servidores ou operários, com o requinte inverso de ainda contar com párias (alijados das grandes castas detectadas na vetusta Índia), com a retirada daqueles autênticos monarcas, desmorona.

As mesclas são, em decorrência, as mais inusitadas.

Contudo, mais e mais consciência espiritual se adquire.

Em uma síntese, alegórica, é certo, monarquias caem... consciências sobem.

HISTÓRIAS DIFERENTES... DIFERENTES ESTÓRIAS

## A QUANTAS ESTAMOS

Vertida essa passagem histórica e política nos dois títulos anteriores, estará se perguntando o leitor: qual o prognóstico futuro da humanidade, ao menos para a faixa do atual Ocidente?

Como apontamos, a mescla dos estágios evolutivos, separada há milênios na instalação daquele convívio entre deuses e homens, por necessidade de se gravar na memória da humanidade nascente o ideal divino, assegurando dessa forma a busca do retorno aos céus, foi paulatinamente acontecendo.

Discorrem os autênticos esoteristas que, quando, há milhões de anos, ocorreu a presença do par espiritual em essência pura e ao qual os homens tinham acesso, esses homens intentaram absorver esse indescritível teor, agindo da forma mais bruta — contudo, à época mais inconsciente — que hodiernamente podemos avaliar.

Acreditaram que essa absorção alcançaria pleno êxito pela ingestão daquela quase miragem, a qual, contudo, mantinha, para o contato, o arcabouço físico.

A impropriedade plena do ato originou a impossibilidade de que o mesmo fosse consumado.

O âmago, incondicionado aos estados vibráteis de submissão aos planos concretos ali presentes, afastou-se e ao mesmo tempo foi retirado pelas hostes do Bem, as quais, de certa forma, propiciavam e custodiavam a equação instalada.

Desde então os homens se sentiram órfãos dos deuses.

Como se disse, e em contrapartida, guardaram na memória indelével, aquela que rege o inconsciente geral, a apontada benesse.

Configuração autêntica do "paraíso perdido".

Fácil será, ao leitor, compreender esta nossa afirmação, em coro com o descrito nos títulos antecedentes: vencida que está a passagem angustiante de instalação definitiva das forças criadoras, que formularam o homem, para o advento da consciência da mônada, no exato meio do caminho, já iniciamos a ascensão. Ou, se quisermos, estamos "caminhando pelas próprias pernas".

O homem percebeu a luz no seu interior.

Essa luz, indelével como sensação, embora diáfana quando trazida à tona, é suficiente para propiciar a expansão da "certeza do Caminho".

Tal movimentação, deuses-homens, acertos-divergências, busca-desilusão, mortalidade-eternidade, desaparecimento-existência, fragilidade-potência, sucessivamente alternada na trajetória humana, implantada pela determinação do Alto, coloca-nos frente à perspectiva, justificada, de novo e promissor momento.

Claro está que este tempo não vem convalidado pelo nosso trato emocional ordinário, comum.

O que ainda não foi modificado, no apanhado de nossa alma, propende a constatar, tão-só, o domínio do desencontro, da discrepância, da redução do sucesso, do prenúncio do fracasso.

Porém, como em nenhuma outra época anterior, nós, homens, estamos mantendo contato com um conhecimento tão amplificado, tão concedido. A comunicação conta, hoje, com meios extraordinários, se antevistos por cinco ou seis décadas passadas.

Mercê do advento desses tempos, o círculo formado, em retaguarda para o êxito evolutivo do "ser da Terra", e que constitui o Governo Espiritual do Mundo, integrado na Grande Fraternidade Branca, permitiu que seus mais conspícuos membros fornecessem, à humanidade, e até mesmo por agentes ignotos das massas, os testemunhos vivos do Espírito de Verdade.

Dessa forma, aqui estamos.

Parcelas da alma, em conflito.

O Conhecimento à disposição, como nunca esteve.

Para aquele que adota o itinerário da busca em direção à sua essência, a simples dualidade de escolha é frágil, primária, mesmo. Escolher entre bem e mal, certo e errado, é muito pouco. A seleção ascende a outro patamar, mais acima.

Os clarões influenciadores da consciência espiritual do ser, em passos de despertar, fazem-na propender a renovadas exigências.

A perscrutar o que se aproxima do Inefável.

A grande meta, agora, é entender o setênio. As sete gamas defluentes de o Grande Ser.

Cada uma com sua explicação.

Cada uma com um retrato cromático.

Sem exceção, cada uma conduzindo, se decifrada, ao oitavo momento de si mesma...e do Todo possível ao homem.

Eis um outro altissonante sentido que temos para o número 32.

Trata-se, nesta óptica, do quaternário básico para o painel evolutivo, dos quatro veículos estruturais — físico, vital, emocional, mental — terem alcançado, cada um deles, que como sabemos se distribuem em sete subtônicas distinguíveis, sua plenitude; numa oitava de cada escala.

Esses quatro veículos em êxito representam oito seções vencidas, as quais, somadas, resultam no número trinta e dois, apontados como os "portais da Sabedoria".

Eis aí a quantas estamos, meu fidedigno leitor, a quem me alio num elo de muito progresso à vista, para chegarmos, quiçá, à prosperidade tão necessária a quanto somos humanos.

# Capítulo IV

✳

# Apressando os passos do caminho...

Para ilustrarmos as primeiras palavras deste capítulo, vamos evocar os pontos centrais de duas Tradições, que nos vêm do Oriente; do meditativo e sábio Oriente.

Uma, exposta pela Tradição da China antiga, foca-se naquele conhecido como Lao-Tsé, que nos fala, em seus elucidadores escritos, no TAO, ou seja, a Via, o Caminho.

O símbolo adotado para o Tao, repetido na sua figura em inúmeras ilustrações, é aquele que apresenta o YIN (fraco, negativo, feminino) e o YANG (forte, positivo, masculino), em realidade dois princípios universais, que nessa simbologia se entrelaçam de maneira peculiar, de tal sorte que um é, na figuração do outro, o próprio germe que o modifica e transforma. No desempenho da vida, quis apontar o sábio que ambos se sucedem, se substituem, e — na visão mais altissonante — se completam.

A outra, da Índia dos primeiros tempos, da qual provém um texto poético inserido na sua epopéia de formação, o livro do *Ramayana*, ou a Grande Índia.

Queremos falar do *Bhâgavâd Gîta*, que pode ser traduzido como "A Sublime Canção". Em cujo cerne, após a anunciada batalha visível dos *kurus* e *pandavas*, equivalentes a solares e lunares, e diante dela, desen-

APRESSANDO OS PASSOS DO CAMINHO...

volve-se um diálogo entre Krishna, o verbo divino, e Arjuna, o discípulo em aprendizado.

No comum dessas preciosas mensagens, temos a tentativa das duas sabedorias em apontar a seqüência do homem no seu retorno ao divino, e como fazer, desse seu "caminho", **o** Caminho.

A necessidade de se apontar qual o Caminho correto e abreviado desse retorno nasce, a rigor, com a liberdade humana de interpretação e de escolha. Há milhões de anos.

Já deixamos assente, nos textos anteriores, que os deuses custodiaram os homens dos primeiros passos.

Retirando-se do convívio, contudo, legaram, aos mais capacitados e mais bem preparados, os métodos dessa abreviação, todos eles contidos na Sabedoria dos tempos, a Sabedoria das Idades. Ínsito estava, também, o ensinamento da magia apropriada para tal finalidade. E, acima de tudo, comprometeram-se essas deidades em inspirar incessante e suficientemente os que se fizessem dignos de manter viva essa Tradição milenar.

O que está sendo cumprido.

Logo se vê, como vamos descrever adiante, que era insuficiente o entendimento; este deveria vir acompanhado do empenho para uma compreensão, de raio mais lato, compreensão essa vocacionada para a prática do aprendizado. E, por derradeiro, envolvido pelo laço do encantamento positivo, fornecido pela Natureza — esta, no seu sentido mais amplo de abrangência.

Esse contexto, fornecedor das indicações do conhecimento correto, como autêntica escola de ensinamentos; colocado na prática da vida, esta como palco no teatro das vivenciações; e encerrados pela obra indimensional do culto exato e religador dos fatores internos do ser, compuseram o que passou para o nosso vernáculo como **Iniciação**: vale dizer, chegar ao princípio, começar do começo, encerrando o senso prático, qual seja, o da ação.

Iniciação é um novo começo; para começar certo.

O que é o "certo" para a Iniciação?

É o reconhecimento, em termos razoáveis, do Caminho.

São razoáveis e igualmente aceitáveis os ensinamentos que enaltecem a dignidade do homem, como ente que encerra, em si, o princípio divino, e que deve ser esclarecido dessa condição; são razoáveis, e também aceitáveis, os indicadores que apontam os núcleos dessa dificuldade em ver a condição superior brotar do recôndito do ser humano, e ao mesmo tempo esclarecem as práticas da reeducação sensória, emocional e mesmo sentimental; como também será sempre aceitável a sadia prática do cerimonial discreto, equilibrado e elucidador, como selo comprobatório "de si para si mesmo", da existência desse Eu superior.

Eu superior que possa, de quando em quando que seja, confirmar essa via de acerto. Não para os que assistem. Mas para os que a tal rota se dedicam.

Logo se vê que tudo na vida do dia-a-dia começa por uma iniciação.

Do que não se conhece, para o que se passa, de uma certa forma, a conhecer.

Portanto, a vida comum encerra em si uma iniciação, chamada "indireta", nos colégios ocultistas, porque não procurada, e mesmo não desejada.

Tudo para ser distinguida do outro modelo, que tem de contar com a deliberação do interessado, assim qualificada como "direta", sendo o objetivo máximo do aprendizado. De onde seu nome próprio: **Iniciação**.

Vejamos os elementos da Iniciação nos locais adequados: os centros esotéricos.

A Iniciação, entendida aqui como "direta", exige, antes e acima de tudo, uma postura. Uma atitude. Não apenas externa, mas, acima de tudo, íntima. Uma predisposição que tem de se fazer inabalável, imutável. "Eu quero" chegar ao entendimento completo de "quem sou", "de onde vim" e "para onde vou".

Isso vai me custar disciplina.

E também investimento. O mais sério dos investimentos: vou investir o meu próprio ser.

E terei que mudar; que modificar... a mim mesmo.

Pois constato que, com os elementos à minha disposição, mormente os do meu atual trajeto, não vislumbro a meta que minha centelha espiritual ilumina.

Vou promover uma substituição. A mais consciente de que sou capaz.

Desde logo, detecto que práticas corriqueiras podem ser de enorme valia.

E passo a adotá-las.

Hei de combater, sem cessar, as idéias que me campeiam e que fazem parte de um acervo adotado sem o investimento da minha própria consciência.

Em relação ao meu eu pessoal, idéias pré-formadas e preestabelecidas. Conceitos "que vêm de fora". Conceitos "antes" que os meus próprios, e que comprovadamente perturbam esse meu "assumir" de consciência. Ou seja, preconceitos.

E existem alguns de notável nocividade. Religiosos. Outros, e muitos, sociais, cuja moral geral é falha; é enganosa; é de engenharia duvidosa. Atende a vantagens de alguns com prejuízos de muitos. Adotam-se "chavões", frases prontas; falsas, insidiosas.

Eu, candidato a crescer por via direta, tenho de "limpar" esses entulhos, remover esses diversificados lixos.

Qual o itinerário mais útil, prático? Arejar, ventilar essas minhas atuais imagens, aventar suas substituições por outras mais conformes com a minha visão, com a minha maneira de ver o mundo. Ampliar sobremaneira minhas pesquisas, minhas constatações. Não permitir que os preconceitos, muitos dos quais arraigados em mim, impeçam a adoção desses passos. Fazer-me **eclético**. Vou buscar o apropriado onde ele estiver. Vou, mesmo, **universalizar** esse meu investimento.

Mas meu corpo mental necessita de suprimentos. Idealiza-se que ele promova substituições daquilo que encontro errado na rota.

Assim, lado a lado, *pari passu*, eu cuido desse abastecimento, dessa substituição, com uma doutrina sadia e adequada àquele "estado de consciência" de que sou detentor.

Contudo, a inteligência clama por mais.

Operacionaliza, como é de sua natureza, comparações entre fatores que se aproximam, que informam fatos e coisas de padrões similares.

Essa operação do corpo mental, enganadamente tida como tendo origem no cérebro físico, denomina-se **analogia**.

Devo, ainda mais, extrair sínteses que bem esclareçam o teor dessas aproximações, e que possam me conduzir para um melhor estágio desse meu labor, e ainda a máximas que irão orientar a minha conduta imediata. Autênticos patamares, suportes a seu tempo de outros avanços. Estarei sendo **sincrético**.

Essas as três condições práticas, à luz de termos filosóficos, que devo deter: **eclético**, **analogista**, **sincretista**.

Essa uma preparação conforme a necessidade, e que deve compor a postura que mencionamos.

Mas com isso abri um campo de conflitos. Conflitos internos. Dissidências externas, com os outros, em especial os do meu convívio.

Não posso cuidar das circunstâncias externas, sem alinhar, o melhor que posso, minhas movimentações internas, as de minha alma.

Afinal, esse é o alinhamento que me conduz ao **conhecimento de mim mesmo**, ao **autoconhecimento**.

O que acabo por enfrentar nesses passos que me conduzirão ao autoconhecimento?

Vamos ao vislumbre de alguns momentos, ou algumas angulações dessa autoprospeção, autoverificação.

Sempre que utilizarmos o componente "auto", referimo-nos a: "eu olhando eu".

Na autoprospecção, eu investigo a mim mesmo.

E como o programa é implantar substituições, somente posso substituir aquilo que constato; mais: que constato como impróprio e inconveniente.

Começo pela auto-análise.

Como está minha cultura? Como está minha fé, aquilo em que acredito, não apenas de cunho religioso, mas aquilo em que deposito uma margem de crédito, de confiança? Como está meu setor emocional, meus élans, minhas ansiedades? Tenho angústias? Quais são? Que porções todos esses fatores emocionais ocupam no panorama da minha alma? O que me proporcionam? O que me impedem? E minha vontade? Está clara para mim mesmo? Como a utilizo? Imponho-a aos que me cercam? Essa imposição decorre em conseqüências? Quais são elas? E assim por diante.

A autovaloração é concomitante, é ínsita, é interior nessa caminhada.

Cada passo que investigo e constato, é de valor maior, ou menor, àquele mais próximo que vejo? É possível trocar? De que forma faço isso? Quais as possíveis conseqüências gerais dessa troca? Essa troca é, mesmo, válida e necessária para aprimorar o caminho que estou vendo? São alguns exemplos de indagações que surgem.

Nessas constatações, provoco conseqüências para o meu mundo anímico, várias das quais se manifestam como angústias renovadas, desconfianças, incertezas, panoramas sombrios.

Sou desafiado a abandonar a busca.

Posso ceder... ou prosseguir.

Caso prossiga, o panorama vai se abrindo.

Novas visões são possíveis. Mais generosas. Mais enriquecedoras.

Acima de tudo, vou cultivando a imparcialidade.

Vejo como sou, com minhas qualidades, com minhas pobrezas; advém a consciência de minhas mazelas.

Conjuntamente, deve crescer a certeza de que posso promover modificações.

Transmutações.

Transformações.

E essa certeza deve provir da orientação e dos elementos que estou recebendo do colégio iniciático escolhido.

Todavia, os ensinos e os elementos são apenas suportes para a autotransformação que tenho de promover.

Isto é, eu sou o autor e o destinatário do meu trabalho, do meu labor.

O que conduz à autoconfiança.

Podemos "partir de" e encontrar novas angulações.

Essas visões são incontáveis.

Para essa nossa finalidade, ficam as expostas.

É importante concluirmos sobre o notável valor dessa atitude.

Que há de ser, como já apontamos, ínsitas à altivez de conduta que assumimos.

Estando eu de coluna reta, colocado com dignidade e altivez na minha postura; adotando o ecletismo nas minhas verificações e pesquisas — com o que afasto gradativamente os preconceitos que me assolam; formulando analogias reais e implantando sínteses periódicas e colocadas nos cruzamentos do que estou entendendo: adentro o portal da Iniciação.

Aqui, evoca-se a disciplina.

Pois a Iniciação tem uma seqüência, um roteiro. Atende a um processo. Implica exigências. Não em obrigações, mas trabalha com deveres.

A obrigação "vem de fora", é de fonte externa, e eu tenho de seguir, esteja meu íntimo de acordo ou em desacordo com ela.

O **dever** brota da minha compreensão; eu o adoto espontaneamente; faço dele um cumprimento livre, estou prazeroso na sua execução.

Se meu íntimo está de acordo com a obrigação de fonte externa, ela se transfigura em um dever. Não estou mais pressionado, não estou mais compelido em executá-la. E, dessa forma, o elemento externo que veio com ela, a obrigação, passa a significar apenas um estímulo para que eu visse certo.

A Iniciação tem bases. Em ensinamentos. Superiores, que apontam para o universal.

Os ensinamentos são legados pelos Mestres. Mas os autênticos Mestres, os da Sabedoria, do conhecimento integral e integrativo, que ajusta o homem em si mesmo, o homem completo, com corpo físico, alma e espírito.

São textos e Tradições, estas passadas pelos depoimentos, como se diz, "de boca a ouvido".

Para se atingir uma vida mais ampla e significativa, mais justificada no seu desiderato.

Uma vida em patamar mais elevado, mais consciente, mais ditosa, mais feliz. Que leve à real felicidade, aquela que não se esvai na simples satisfação dos sentidos comuns — esta uma pseudofelicidade, curta, pobre, enganosa.

Com o autoconhecimento. O desenvolvimento e o equilíbrio dos fatores mentais e emocionais de nossas vidas, num crescendo que possibilite o surgimento da **verdadeira consciência**. A **consciência espi-**

**ritual**: a única que apontará, com segurança, o que fazer para chegar ao êxito, à saída de embates tão impróprios e impeditivos de um percurso mais breve.

É o que podemos dizer, conceitualmente, a respeito da Iniciação, de alinhamento esotérico.

Exotérico é o de conhecimento geral, público.

Esotérico é o de entendimento e compreensão especiais, a alguns que tenham a determinação de escolher outro caminho como escola, como aprendizado, que não apenas o da vida.

Ambos os caminhos, contudo, podem e devem coexistir, sendo praticados.

Blavatsky, numa passagem digna de nota em sua pequena obra dos *Rituais na Igreja e na Maçonaria*, assim esclarece, após identificar o termo *messis*, do Latim, colheita ou recepção do plantio: "missa para os profanos, *messis* para os iniciados", querendo com isso dizer (atentos que devemos estar para o significado de "profano", como *pro*, fora; e *fanum*, templo): missa para os que estão fora do templo, isto é, não entendem o seu significado; colheita para os iniciados, os que compreendem o Caminho, a sede da Sabedoria e do Amor, o Templo da Natureza, e que sabem que "a esperança da colheita reside na semeadura", frase latina enaltecida por Henrique José de Souza, embora com conotação mais ampla e valiosa (o *Spes messis in semine*).

Resumindo: Iniciação é o método de expansão da consciência, de acordo com os ensinamentos dos Mestres da Sabedoria, para se atingir uma vida superior, com o autoconhecimento e o equilíbrio no crescimento mental e emocional, bem como o despertar de faculdades internas.

Essas faculdades, reais poderes, que são despertados pela Iniciação, precisam encontrar seu ajustado destino na vida de cada um.

Em primeiro lugar, não podem ser almejados como meta do trato iniciático, sob pena de comprometê-lo; de fazer, dele, um fim, e não um caminho.

Depois, e para o seu uso, a ser eleito em situações raríssimas, tais faculdades ou poderes dependem, em seu êxito, de ser recepcionados por um coração purificado, dia-a-dia em purificação, e generoso na distribuição do saber alcançado.

Sem o que esses poderes podem se tornar fontes de novas dependências e até mesmo escravizações, nocivas para o então tirano e o tornado vassalo, e retardando o caminho de ambos.

A Iniciação apresta a evolução.

O que seja evolução já foi tratado.

A meta: abreviar o consentâneo conhecimento e comportamento humanos, consoante os planos do espírito.

Tornar o Caminho mais curto, mais perto.

Decorre uma precipitação. Uma antecipação de passagens futuras, agora vindouras, ao encontro do iniciante.

As conturbações dessa alma se ampliam.

A faixa kármica se transfere, se modifica.

A trama com *Dharma*, a Lei, passa a ser outra.

Ingressa-se, pouco a pouco, no Caminho da Lei.

Os deveres ficam esclarecidos. E, dever, cumpre-se. Com alegria, felicidade e descortino cada vez maior.

De um lado, o conflito na personalidade. De outro, o esclarecimento proporcionado pela individualidade.

O resultado é o **crescimento do ser em consciência**.

**É o despertar da verdadeira e única consciência que detemos**.

Mas, o que sejam personalidade, individualidade, consciência, só podemos identificar melhorando o conhecimento de nós mesmos, começando pela nossa real estrutura.

Assim, devemos estudar o que temos como formação.

Qual a real e verdadeira estrutura do ser humano.

Estamos em condições de fazê-lo, vindo do geral para o particular, dedutivamente, passando pela cosmovisão (Capítulo I da Parte Primeira), e pelo homem, *anthropos* (Capítulo II da mesma parte).

Ao entendermos nossa real estrutura, veremos que podemos partir deste imenso mundo que nos compõe e para o mundo externo, aparentemente maior, no caminho inverso: tirando conclusões indutivas.

Vamos para a jornada.

## A VERDADEIRA ESTRUTURA DO SER HUMANO

Simplificadamente, podemos dizer: temos um **veículo básico**, notoriamente visível, o **físico denso**, palpável; em correspondência notavelmente próxima, uma rede por onde a energia da natureza, universal mesma, sustenta a vida que estamos desempenhando; daí sua qualificação como **energia vital**. Esses dois veículos, indissociáveis durante esse fenômeno chamado "vida", formam o corpo físico. A dissociação, a desconexão acarreta a perda e a desintegração do veículo denso, que dessa forma perde a coesão, não mais alimentado e sustentado pela energia do cosmo.

Outros **dois** veículos se agregam, descritivamente independentes, mas que guardam estreitíssima correlação, formados que foram em etapas distintas da composição humana.

São eles, pela ordem, o **veículo emocional**, responsável pelo nosso sensório — seja qual tenha sido o estímulo — e que graças à influência da terminologia grega, nós o conhecemos também por **veículo psíquico**, embora não seja toda a nossa alma, e sim a sua notável angulação. E o **veículo mental**, fonte dos nossos pensamentos, responsável pelas nossas concepções e conclusões, sediado, em preponderância, no nosso cérebro.

Ambos os veículos, o **emocional** e o **mental**, abarcam, em gamas vibratórias distintas e auras separadas, o nosso corpo físico. Especialmente na vigília, acordados, a relação entre ambos é involuntária, utilizados um e outro de maneira concorrente, concomitante, tão próxima que podemos afirmar: ao pensar nos emocionamos de certa maneira; ao nos emocionarmos, pelos sentidos, nos vêm pensamentos, imagens, idéias.

Emoção e mente compõem a nossa **alma**, o assim chamado — para a corrente esotérica da Eubiose, como a da Teosofia — **corpo anímico**.

Por cobro, por fecho — que é, também, a abertura, o princípio — temos, na escala ascendente da consciência, a sede de sua origem, prístina, plena e pura, integrada, por assim dizer, de três veículos. Nós nos permitimos falar em "veículos", uma vez que nos facilita a explicação, embora tais veículos superiores façam parte de um plano que está "além do nome e da forma", sendo o próprio Deus no homem.

Este entendimento é chave para a compreensão do todo: o veículo mental tem dupla face, apresenta aspecto duplicado, sendo, como é, o veículo da escolha, por excelência.

Um lado seu se agrega ao veículo psíquico, com ele conjuga a vida prática, a vida em desempenho, a vida diária, sendo o mental comum, a mente emocional, a responsável pelo raciocínio que conduz às soluções práticas do entendimento, e que fomenta os encadeamentos de propostas imaginativas, criativas para o mundo objetivo.

O outro lado representa o anseio da liberação quanto àquele ângulo fechado, dependente, agregado à matéria, ao evolver do campo transformista, aleatório, sujeito ao tempo e ao espaço.

Nessa proporção mental, os extremos se distanciam, portanto; esvaem-se como pólos. Sendo, este, o mundo das idéias, dos arquétipos. Contudo, aqui os extremos perdem seus significados de antagônicos, eis que, retornando ao nascedouro da oposição mesma, encontram aí seu repouso; e, acima de tudo, sua resposta e sua explicação universal; equivale dizer, sua satisfação plena, sua plenitude enfim.

Eis o que denominamos **mente superior, mente intuitiva, mente abstrata.** Esta é a sede autêntica do **abstrato**, que detém a capacidade ínsita de conciliar os paradoxos (opostos) a que chega o caminho da racionalização. Não confundir com as formulações passageiras da mente concreta, que resultam em fantasias mais ou menos distantes da verdade, e que são, por isso mesmo, mutáveis com substituições e rejeições ao que houvera sido anteriormente concluído.

Quando a consciência ordinária — que é a consciência agregada à matéria físico-vital e às gamas psicomentais — em um esforço que apenas pode ser pessoal (logo, um avanço de conquista) se posiciona na mente abstrata, decorre o despertar daquele "veículo" que os hinduístas denominam **Buddhi**, e que nós traduzimos por **Intuição, Intuição pura**; a não ser confundida com a outra, a pseudo-intuição, que a nós se apresenta como se fora a autêntica, mas que decorre das meras conclusões incompletas provenientes da alma: o instinto, típico do veículo anímico, é por diversas vezes erroneamente tomado como intuição.

APRESSANDO OS PASSOS DO CAMINHO...

Essa via intuicional pura desvenda, na sua constância, a **centelha divina** de que somos detentores, o "cristo em vós" a que se referia Paulo de Tarso em suas epístolas, depois tornado São Paulo pela igreja de Roma. Suas cartas falam em "ver formado" esse cristo (de *chrestus*, do grego, iluminado, ungido pelo Alto); nós, esoteristas, falamos em "despertado", pois ele já existe, é sem espaço e sem tempo. A ele aludimos como o ***Atmã*** das vetustas escrituras da Mãe Índia, o **Ser dos Seres** expresso nessa **Centelha,** que os verdadeiros videntes distinguem **luminosa** no coração (anímico, e não propriamente físico) dos homens que estão trilhando e, mais que isso, realizando o Caminho.

Fecha-se, com essa tríade chamada "superior", integrada pelos veículos **mental abstrato, Intuição, Centelha crística**, o "corpo" espiritual, o **Espírito no homem**.

Assim, "idêntico" a Deus na formulação dos mundos, na Cosmovisão exposta, partindo do Uno e chegando ao Sétuplo, o homem tem **sete** veículos (**físico, vital, emocional, mental descritivo, mental superior, intuitivo, crístico**), distribuído em **três** corpos (físico, anímico, espiritual), e uma só **unidade**, que enfeixa o conjunto.

Daí podermos afirmar que é, o homem, uno em essência, trino em constituição, sétuplo em evolução, pois esta última depende das realizações dos sete veículos descritos.

Algumas considerações podemos e devemos fazer quanto à constituição real do homem, que acabamos de descrever.

## REALIDADES SOBRE O HOMEM

A primeira delas, e de importância capital, refere-se ao fenômeno da morte. Qualificamos de fenômeno essa passagem, porque, longe de ser entendido, dele temos uma consciência vaga, fugaz, estranha mesmo, quando em vigília, quando acordados, com nossa percepção do mundo desperta.

Prendemo-nos tão apenas ao impacto, concreto, da inércia que nos parece absoluta quanto ao corpo físico do morto, inércia essa acompanhada de uma crescente mudança de coloração e de estado, apresentando-se, desde logo, uma progressiva decomposição.

Mais que isso, podemos ser assaltados de um certo pânico, ao prevermos que "iremos passar por isso".

De um lado, nos informam os planos próximos do concreto, através de seres (tanto desencarnados como encarnados) merecedores de confiabilidade, os quais mantêm contatos com este mundo dos efeitos, que a passagem para o efeito "morte" não é, em si, dolorosa, embora até o momento de sua ocorrência fatores que agem no orgânico possam proporcionar essa sensação.

Os sentidos, na hora do passamento, são obliterados, "perdidos", como no ingresso do fenômeno sonho, quando sofremos uma anestesia que desloca nosso veículo vital, ou quando desmaiamos — o que ocasiona esse mesmo deslocamento.

E, de regra, no caso da morte, rompe-se o elo da rede etérica (responsável pela manutenção da vida), e a consciência como que "sai" do físico. A alma vai se encontrar no seu plano próprio (chamado comumente de 4ª. dimensão) ainda que naquele momento atordoada, dessintonizada dessa sua morada; mas, a partir de então, pela ruptura havida, não mais jungida, presa ou sob os efeitos das sensibilidades do físico recém-deixado.

Completado esse resultado, e que leva pouco tempo para o total desligamento, o que for feito do físico não mais será sentido.

Como seja: a alma sente através do que se passa no físico. A resposta do que é sentido, aparentemente pelo físico, provém da alma.

A ausência da alma, desconectada do físico, ocasiona, para a "pessoa" falecida, a insensibilidade.

É importante que fique bem claro que, na relação físico-alma, o comando é da alma.

Agindo propositadamente no físico, podemos, por expedientes artificiais, provocados, dessensibilizar um órgão do corpo, uma determinada região desse espaço, evitando, por exceção, que o resultado dessa ação fosse do físico para a alma.

Contudo, para o resultado da passagem "morte", que diz respeito à definição do uso daquele determinado corpo, a iniciativa do acontecimento é da alma. Podendo, em razão disso, ser afirmado que **o corpo físico "morre" quando e porque a alma o abandona.**

APRESSANDO OS PASSOS DO CAMINHO...

E ela, alma, o abandona, pela razão de sua estrutura restar imprestável para que se dê a seqüência de sua jornada na busca do conhecimento da vida, motivo nuclear de sua evolução.

Aquele arcabouço não mais serve aos desígnios da respectiva alma, que, dessa forma, o deixa; abandona-o, sobrevindo a morte para aquele físico.

Essa imprestabilidade, de ordinário, é material, atingindo o orgânico, o que acontece mesmo nos casos de acidentes, ocasionando a "pronta" decisão da alma envolvida, porque percebemos que o fator tempo, nesta 3ª dimensão para a dimensão seguinte, a 4ª, apresenta um deslocamento notável, que impede, mesmo, uma comparação.

Como assim é, temos uma outra conclusão, igualmente de suma relevância para entendermos a vida: **a evolução que importa se dá na alma.**

Claro está que, passados milênios, o aprimoramento da alma na aproximação do modelo que lhe é fornecido pelo espírito acaba ocasionando mutações no físico, que passa a ser moldado pelas renovadas aspirações adotadas e introduzidas nessa alma, pela sua escolha e pelo seu mérito.

Assim, a alma, como intermediária que é, experimenta e se desempenha através do corpo físico. Ao fazê-lo, interessa-se em conhecer a aparente contraposição a este sofrida, a qual está enfeixada no espaço do espírito. Percebendo, paulatinamente, que este, o espírito, é o seu bem-amado, uma vez que a completa.

Vai ocorrendo, com o passar de anos sem conta, esse "casamento", anunciado com precisão na mitologia da Grécia antiga com as figuras de *Psiché*, a alma; e *Eros*, o espírito.

Essa a comunhão preconizada pelas religiões, mormente no Cristianismo Católico. Comunhão sempre almejada, traduzida na simbologia da hóstia, bem que aqui adaptada para significar o "corpo" do Avatara Christo, a ser "sorvido" para provocar esse despertar. Durante séculos sem fim sendo objeto de élan, de um lado, mas, de dependência, de outro, pois "apenas" seus sacerdotes detinham o "poder" dessa evocação.

Cabe apontar uma vez mais, aqui, de forma rápida e incompleta agora, que essa autêntica teofagia (ingerir o corpo da divindade identificada), aconteceu realmente em tempos de Atlântida, sendo o estopim de sua queda e de todos os descalabros desdobrados; sendo expediente utilizado por povos e clãs em estado de selvagismo, que literalmente comem seus inimigos vencidos, no afã de adquirir aquilo que identificam como suas qualidades. Antropofagias ainda praticadas em nossos dias.

Já aqui podemos estabelecer uma terminologia própria, elucidadora, a qual servirá para as nossas explicações vindouras.

**"Personalidade"**, para o apoio da clareza esotérica, compreende o conjunto formado por físico concreto, vital, emocional, mental discursivo.

*Persona*, do Latim, traduzido como "pessoa", provém da idéia do teatro grego, em que o ator, para desempenhar um papel e se fazer ouvir, provocava o alarido de sua voz através de uma máscara, especialmente montada para esse fim — o de ampliar o som — e que acabava por preencher uma dupla finalidade: identificar o personagem e fazê-lo ouvido pela platéia. A máscara ou artefato assim estruturado servia *per sonare*, para soar, para falar. Daí *persona* e personalidade, bem de ver que passageira, apenas servindo para aquela peça ou representação.

Pois bem, a analogia é completa.

A personalidade está estruturada, em nós, conforme circunstâncias que adiante veremos, apenas para o que devemos atuar e representar neste palco da vida expressa.

Feitio diverso deverá advir em tempo futuro.

Já o que é perene, em nós, constitui a **"Individualidade"**.

Aqui somos únicos. Destacados. Cá está a nossa verdadeira importância.

Esse é o encontro de felicidade maior. Máxima que possamos imaginar, embora ainda bem distante da idéia certa dessa completude.

A vida é de ser valorada da Individualidade para a Personalidade.

Quando assim não é, e enquanto tal não se dá, tudo recende como empréstimo.

Aquele é o itinerário da Iluminação.

Muitos homens a conseguiram, e a conseguem.

Logo, ela não é quimérica e nem utópica. Não é um mero sonho, e tem seu lugar próprio.

APRESSANDO OS PASSOS DO CAMINHO...

Esse lugar próprio está em reduto da própria alma.

Esta merece uma ampliação de entendimento, como passaremos a narrar.

Esse aparente e descritivo elo mental-psíquico, que constitui a "alma" no sentido oculto que estamos estudando, é o responsável pelo nosso comportamento.

Assim como o propalado corpo físico é o retrato visível do que fazemos, na dimensão de nossa vida assim considerada, o *mote* de sua atuação não está contido nessa estrutura. Embora, para a preservação desse existir, tenham os cosmocratores, construtores cósmicos do homem, preservado um sistema autônomo de vida, contido na distribuição nervosa e muscular.

Contudo, como já esclarecemos anteriormente, a vida apenas se sustenta enquanto a alma, ligada ao corpo externo, alenta essa especial pulsação cósmica, possibilitando a fixação, nesse corpo, do trato vital, o *prana* da doutrina hinduísta, disseminado por todo o universo, e captado de maneira peculiar em uma rede que propicia manutenção a esse contexto físico.

As formas de medicina que assim enxergam, ou mesmo admitem tal funcionamento, são as que apresentam melhores probabilidades de sucesso; abordam o homem de maneira mais completa, embora pouco ou quase nada na consideração de sua totalidade, deixando o espírito como autêntico tabu, tendo-o de pouca ou nenhuma influência.

Daí o mais consentâneo sucesso da homeopatia, da acupuntura e das terapias bioenergéticas de forma geral.

Estas abordagens, que têm o conceito "vida" em óptica ampliada, acabam por preservar e estimular os elementos curativos encontrados no próprio organismo, muitas vezes carentes de estímulos que a própria natureza oferta, pois esta existe em função do homem, e para isso se formou.

É a natureza projetada que alimenta e sustenta a natureza humana.

Logo, dela deve o homem se servir.

Selecionando, é óbvio, os seus elementos; e dosando-os para o seu benefício, pois assim como a alma apresenta estados embrionários, carentes de um prolongado desenvolvimento, os reflexos desses estados estão projetados na natureza visível que nos cerca — e, portanto, em fase praticamente selvagem, que pode apresentar hostilidades quanto à manutenção da vida em si.

Aproveitemos esta passagem para falarmos das faixas existentes na alma humana, as quais apresentam estágios vibratórios diversificados, responsáveis pela gama incomensurável de combinações, resultando nas incontáveis reações emocionais que o ser humano sente e externa.

Esse estudo, fiel à distribuição sétupla da condição humana, também admite e trabalha com sete possibilidades centrais de posturas psíquicas, as quais, de sua vez, se desdobram em sete subfaixas, ou estágios menores de um mesmo estágio.

Aos versados na visão astral, tais faixas, quer as principais, quer as subdivididas, apresentam cores básicas e nuances cromáticas próprias, ocasionando, para essa terceira visão, um autêntico festival colorido, nem sempre, contudo, agradável de ser assistido.

Essas faixas e suas subdivisões, que não devem ser imaginadas em distribuições horizontais estanques, separadas, mas que guardam setores divisórios mais ou menos constatáveis, agitados pelos impulsos das apontadas emoções, se mesclam, dificultando qualquer avaliação eficiente que se queira fazer.

Contudo, de modo geral, as cores que apresentam claridade e brilho apontam para qualidades que podem ser desenvolvidas; ao contrário, as tendentes ao negrume e à opacidade indicam parcas, e mesmo diminutas possibilidades da alma alcançar em breve tempo a desejável liberação de aprisionantes sentimentos, responsáveis pelos sofrimentos seus e daqueles com os quais se relaciona.

No sentido de formarmos uma idéia mais próxima da realidade invisível para a maioria, se graduarmos as sete faixas apontadas, partindo da mais grosseira para a mais sutil, de baixo para cima, temos que as faixas de baixo, as, por assim dizer, mais "materiais", estão mais vizinhas da matéria física, do mundo projetado na sua densidade maior percebida, mantendo com ela maior identificação e conseqüente intimidade, reconhecendo-se, em maior proporção, pertencer a esta forma de natureza. Estas podem ser imaginadas como as três faixas ligadas aos planos da matéria.

Existe, outrossim, uma faixa, a quarta, que intermedia o processo. E, as três faixas restantes, superiores, apresentam afinidades com a ideação da constituição do homem, voltando-se, por decorrência, para as realizações mais completas e satisfazíveis de um estado digno de ver e de viver o mundo dos efeitos.

Esta postura é importante para as nossas vidas: nossas escolhas, nossas predileções, nossas palavras, nossos comportamentos enfim, de um lado são fornecidos pelas faixas percepcionais de nossas almas; de outro, acionam e agregam, em nós, as vibrações próprias desses estados sintonizados, que, assim, passam, de certa forma, a fazer parte de nossas almas.

São estas vibrações de matérias psíquicas agregadas, as quais passam a nos compor, que deveremos devolver, para os planos correspondentes, após o desenlace de nossa vida no físico.

De tal sorte, a peregrinação do veículo psíquico no plano astral, após a morte do físico, passará pelo que foi cultivado em vida, até que ocorram os desprendimentos correspondentes dessas matérias psíquicas agregadas.

Como a consciência do tempo, nessa quarta dimensão, é distinta daquela que temos nesta terceira dimensão, não podemos ter noção da distância cronológica necessária para se vencer cada etapa.

Tais desprendimentos implicam a existência de afinidades que têm de ser deixadas. Enquanto isso ocorre, a percepção psíquica é mantida nesse corpo astral. E será a maior ou menor evolução dessa alma que ditará a maneira desse desmanche.

Daí a religião católica — e citamo-la por nos ser mais familiar — falar em inferno e purgatório, e que são, a rigor, estágios pelos quais a "alma" (mais exatamente a alma psíquica, esclarece o esoterismo) passa após a morte.

O que valida a frase popular, detentora de uma sabedoria objetiva, e segundo a qual "a gente leva da vida... a vida que a gente leva".

As ciências realmente responsáveis pela realização do homem (que são aquelas mais completas na abordagem e na consideração de sua real constituição), encimadas pela Sabedoria das Idades, a Religião-Sabedoria, a Ciência Iniciática dos Tempos, sempre e sempre enfatizam a necessidade do cultivo e do desempenho das "boas vibrações", para um presente e um futuro mais felizes, mais de acordo com a real finalidade do homem na sua existência.

Henrique José de Souza bem completa a idéia que intentamos passar, ao dizer: "Quanto mais fizeres pesado o mundo, mais ele pesará sobre ti."

Tais resultados distinguem uma vida de outra.

O leitor estará perguntando: se assim é, o que passa a integrar a alma, para um novo nascimento?

Responde-se: esse conjunto interagente e complexo de vivenciações proporciona a descoberta dos valores maiores, e que representam o ideal do alto, do espírito, para os quais direcionam os próprios anseios daquele ser vivente; com a morte física, o conteúdo da alma estanca nesse momento do desenlace, apresentando, em si, um estágio que lhe é próprio, e que fica contido no que o esoterismo qualifica como "átomo permanente", o qual será o modelo de partida, o ponto inicial da próxima vida, a partir de uma nova encarnação.

O que cercou a alma, durante a vida terminada de que estamos tratando, não se perde.

Somos responsáveis absolutos por todas as coisas que cogitamos e praticamos, fatores esses influentes que nos acompanham na nova vida como inclinações e tendências, sendo, portanto, dupla a nossa nova missão: aprimorar aquele nosso conteúdo já evoluído; e transformarmos as tendências trazidas, para fazerem coro com a progressão que pretendemos.

Contudo, deixemos as ilusões de lado, para repetirmos um conceito, esteio deste nosso escrito.

Nossa vida precisa ser custodiada, melhorada, aprimorada mesmo, não para vivermos um céu *post-mortem*.

E, sim, para fazermos brotar o Céu aqui, em vida.

Guardadas, é certo, as proporções do que possa ser um Céu conceitual neste mundo de efeitos.

## REALÇANDO A MENTE

O trato mental, no homem, adquire sua importância maior quando e porque é o responsável pela autonomia de ver a vida, tornando-a particularizada na sensação, passada ao ser, de independência das demais formas aqui incluídos os semelhantes.

Afirmamos a ocorrência desse estado "no homem" uma vez que essa mente particularizada é uma vertente, única para cada caso, da mente universal, do todo que provém do Ser Maior, o qual, nesse naipe distinto dos demais, projeta os mundos.

Vale aqui, para o entendimento, o princípio hermético de que "o Todo é mental". Daí os sábios da velha Índia identificarem *Mahat*, a Grande Mente Cósmica.

Com efeito, existe uma faixa, se observada sob o prisma de onde nos encontramos, em que o Eterno, ao ultrapassar com sua potência criadora os espaços ainda ignotos de vida, distribui sua ideação, fonte primeira dessa mente que portamos.

A mente, no homem, não se identifica apenas com o cérebro, embora este seja sua sede de mais pronunciada receptação.

A ressonância dos priscos percursos percorridos pelo que, hoje, é a nossa condição mental, explica a ocorrência da memória em nós; esta se faz necessária, pois a lembrança de um passado primoroso, em que estivemos, nos proporciona o élan da volta, do retorno, embora já em outra condição, propícia no cumprimento do plano cósmico, que vai acontecendo.

A fé cristã refere o fato como a "saudade do Paraíso".

Aliás, lá, na doutrina que essa igreja adaptou para o senso dos menos atilados a tal compreensão, se deu a "tentação", qual seja, adquirir a "autonomia de ver as coisas e decidir por si próprio". O que efetivamente aconteceu, embora não da maneira romanceada que o texto bíblico passou a ter por adaptações inúmeras. Inserida também, aí, a ameaça da perda desse espaço paradisíaco para sempre, caso os desvios de tal "fé" estejam consumados.

Em tal angulação soa, pior que o desvio, a perda do Paraíso não reconquistado.

Estamos vendo, no entanto, por estes nossos breves e até mesmo superficiais estudos, que desempenhamos um itinerário único, um caminho individualizado na rota da realização evolutiva.

E que iremos desenvolver, neste nosso contexto, um *quantum* próprio e íntimo de alcance da meta dessa etapa, formulando, nos nossos "perceber" e "sentir", as sensações próximas ou distantes desse estágio maior, que nos aproxima ou — ao contrário — nos distancia da Felicidade, para a qual estamos predestinados, mas na direção da qual temos o **direito** e a **responsabilidade** de construir o nosso caminho.

## AS LEIS REGENTES DA CRIAÇÃO

Neste momento da nossa análise, podemos referir a existência de três regramentos, de três dísticos, que resumem e determinam a passagem do homem pelo planeta responsável por este nosso estágio, perante o plano geral da Criação.

Temos o princípio da **evolução**, repetido e sintetizado por Henrique José de Souza como a "transformação da vida-energia em vida-consciência".

Encontramos a **lei do ajuste**, ou da **causa e efeito**.

E há a regra que esclarece a **existência**, e que somente pode-se completar por um "colar de vidas", em cujas contas se apresentam vidas aparentemente individuais.

Toda a operosidade da Eubiose volta-se para o esclarecimento e a abreviação do **evoluir**.

O "como" dessa propositura será detalhado no capítulo seguinte, visto ser a razão nuclear deste escrito.

A assimilação, pelo leitor, será, acreditamos, natural, uma vez que a Eubiose é a ciência da natureza, como falamos na introdução desta obra.

A **causa e efeito**, ou doutrina do **Karma** para o Oriente, nos inclina mentalmente a admitirmos que cada pensamento, cada palavra, cada ato está cercado de uma postura, de uma intenção, e ocasiona um resultado.

O qual será, por sua vez, o ponto de partida de novas atuações do agente, sejam estas quais forem, inclusive na decisão de silenciar.

APRESSANDO OS PASSOS DO CAMINHO...

Cada fato ou ato provoca uma aproximação, tendente à coincidência com; ou um distanciamento do estágio evolutivo até então consciente do ser. É este estágio, e não outro fora dele, que mede o seu grau de evolução.

Como se disséssemos: o plano geral lança um estágio padrão a ser atingido, e cada ser humano vivente está nos seus pontos particulares de entendimento da vida una e universal.

O que a vida lhe proporciona, nos setores mental e emocional, ocasiona um avanço na direção do acerto.

Esse avanço compõe uma consciência de momento, e é esta, perante o plano geral, que serve de medida para julgar sua atitude adotada, abonando ou abominando o que está sendo feito.

A Lei Maior, responsável por esse estágio evolutivo que deve ser atingido, proporciona a mensuração completa do ato praticado; e o princípio do Karma, como ação, movimenta o resultado, conforme o momento evolutivo particular do crivado pelo próprio Karma, promovendo o ajuste entre a causa detonada pelo agente e o efeito acontecido, em um inventário perfeito.

Para concluir: o Karma não é castigo, e sim um princípio universal de ajuste evolutivo.

Se quiséssemos qualificá-lo perante o nosso entendimento meramente humano, significa antes um bem que um mal.

Essa sucessão de causas e efeitos provoca, pela limitação cronológica de cada vida física, ocorrida pela necessidade mesma de uma renovação de expectativa e de condições de atuação, a imposição de um novo capítulo, de uma nova vida física, que acontece com a **reencarnação**.

Esta deve ser vista como o retorno dos fatores da alma, agregados para a evolução necessária, e mais suas inclinações das vidas passadas; condimentados, ainda, pelas necessidades dos reparos, estes mormente voltados para outros egos encarnados, que compuseram aqueles anteriores panoramas daquela evolução em foco, daquela alma em particular.

Assim, **evolução**; **causa e efeito** e **reencarnação**, embora leis próprias, se interdependem e interagem, formando os regramentos das trajetórias que crescem nos cumprimentos de seus desideratos, portando todos os adendos possíveis para a já mencionada mônada (princípio de vida), a qual está nos inacessíveis páramos do Alto.

Dessa forma, o esoterismo esclarece, uma vez mais, o sentido da vida.

## INICIANDO-SE. OU... SENDO INICIADO

O contexto em que o ser está inserido, no decorrer de uma vida, proporciona, por vias diversificadas, certa tomada de consciência quanto ao significado do existir.

Como buscamos esclarecer, a evolução, no seu significado transmutador, ocasiona modificações na estrutura básica da vida, assente no corpo físico; bem como, e acima de tudo, nas nuances da alma, a qual, pela necessidade mesma de promover as escolhas que o caminho apresenta, vai, de uma forma ou de outra, se burilando e distinguindo o que lhe é mais próprio para atingir o bem-estar e a felicidade, escopo natural no caminho do progresso espiritual.

Quanto mais a alma promove a passagem para a iluminação que a centelha espiritual proporciona, mais nítida e distinta se apresenta a aspiração que lhe abrirá novas e primorosas condições próprias ao cumprimento do seu mister.

Enquanto isso não ocorre, o palmilhar pelo caminho da escolha é árduo.

Na perspectiva meramente humana, vale, aqui, o princípio do "o que não vai pelo amor, vai pela dor".

O amor tem o sentido do bom conselho, aquela orientação que intenta abreviar o caminho para a necessária tomada de consciência. Esse conselho vem por formas diversas, desde o direcionamento dos mais escolhidos pensamentos voltados para o Bem; as palavras suaves e bem colocadas; o gestual convergente para transparecer o equilíbrio e o ideal construtivo, aspectos esses que todos os homens e mulheres deveriam cultivar em si.

É óbvio que esse contexto deve estar condimentado por generosa dose de desapego quanto ao orientado, para lhe passar, inclusive, o senso de autonomia, tão necessário à sua orientação.

O ser humano receptador de um contexto, próximo que seja ao descrito, deverá contudo estar livre nas suas opções: ele é o responsável maior e, pode-se dizer, quase único, pelo seu sucesso.

É essa liberdade que lhe proporcionará a captação da excelência do Plano Maior do qual decorre, e no qual está inserido, com a oportunidade de desenvolvê-lo em si próprio.

A irresignação quanto a essa Visão Maior, fruto, na maior parte das vezes, da ignorância no seu real significado; somada à identificação e ao apego à percebida vida física em desempenho, ocasionam o desvio do ser ... quanto ao seu Eu Superior, que pulsa e informa em vibrações incessantes na maioria das pessoas.

Já dizia o esplêndido conhecedor da alma que foi o filósofo grego Sócrates, pela pena de seu fiel Platão, que, a rigor, não existiam homens bons e homens maus, senão homens sábios e ignorantes.

A sabedoria implica a ocorrência de atitudes justas, boas e construtivas; a ignorância, ao revés, em palavras e atos impróprios, maculados e, não raro, destrutivos.

Basta uma olhadela ao que decorre no meio social próximo, para verificarmos o acerto dessa máxima.

São, portanto, as escolhas de cada um em seu caminho, díspares daquela felicidade que pode ser alcançada pela consciência superior que está no seu íntimo, que ocasionam o seu martírio, o seu desconsolo, o seu desacerto quanto à real proposta da vida, que é enaltecer e elevar a condição humana.

Assim, cada um faz o seu próprio céu ou o seu próprio inferno.

Este é um tipo de iniciação: o promovido pela vida em si, e que acaba ocasionando, no ser humano, uma conscientização por maneira oblíqua, indireta.

Já escrevemos sobre a proposta direta.

Como sendo a via do autodescobrimento e o decorrente autoconhecimento.

Fechemos o capítulo, contudo, apontando os elementos que devem se fazer presentes, no complemento do que foi exposto.

O homem é vontade; o homem é conhecimento; o homem é ação.

Como veremos no capítulo posterior, a vontade deve ser esclarecida, firme, e se fazer presente.

O conhecimento deve se pautar na busca do esclarecimento amplo, e que dê sentido aos significados do pensamento, e da razão de ser da cultura.

A ação precisa ser precedida daquele entendimento, o que nos proporciona o equilíbrio e a temperança, para sermos construtivos, elevados e inspirados nos atos que praticamos, quer quanto a nós próprios, quer quanto aos demais seres, em especial os humanos.

Um fecho, contudo, se faz necessário e há de estar presente: nossa natureza mística deverá ser bem suprida, suficientemente ativada a ponto de nos dar o sentido de todo esse conjunto, pois é ela que confirma ou rejeita o prumo do que executamos.

A análise mais detida de todos esses apontados elementos (vontade, conhecimento, ação, mística) serão próprios do nosso estudo sobre a Eubiose, núcleo maior deste modesto trabalho.

# Capítulo V

# Eubiose, ciência da vida

"Eubiose é a ciência da vida. E, como tal, é aquela que nos ensina a viver em consonância com as leis da natureza, e, portanto, com as leis universais, das quais aquelas (as leis da natureza) derivam."

**HENRIQUE JOSÉ DE SOUZA**

A simplicidade e a clareza da definição do que seja Eubiose, como apontou o fundador do movimento, Henrique José de Souza (1883-1963), denotam a facilidade da sua compreensão, e garantem a viabilidade da sua aplicação.

Qual o atributo inicial e que deve fazer parte do estudioso da Eubiose? Querer entender o que seja **vida**. Este incomensurável e ditoso trajeto existente no Universo.

Como vimos neste trabalho, a vida é o desempenho da mônada, aquela centelha divina que habita o Céu.

Para se transmutar de "energia" em "consciência".

Esse o sentido maior e praticamente único da vida.

Para cumprir tal caminho, o homem pode agir a esmo.

Ou direcionadamente.

Este último itinerário é a meta da Eubiose.

Que ele, homem, se desenvolva sob diretrizes.

Os milhares de séculos passados demonstraram que a orientação externa, por mais aprimorada que se faça presente, não resolve a equação.

Isso porque o homem é completo na sua constituição.

Contudo, titubeante e falho na sua atuação, que apenas poderá se inclinar para uma futura e ainda distante perfeição na medida que assuma consciência dessa sua constituição; mais que isso, que atue com os valores nobres e elevados que habitam o seu íntimo, que estão no mais profundo escrínio do seu coração — o coração anímico, não o físico, está claro.

O coração anímico que reflete a essência, o espírito de sua verdadeira natureza; esse espírito que tudo vê e tudo sabe; que tudo pode; e que está em tudo.

Esse coração que, quando realizado, comunga criador e criatura, no mais sublime dos colóquios, na mais completa das uniões.

A cada um de nós cabe desvendar o precioso mistério da vida.

Eubiose é esse desvendar.

Por isso, e caso entendida, se constitui em uma ciência perfeita. Necessária. Completa mesmo.

Todavia, apenas realizável no desempenho. Em decorrência de tal razão, inacabada. Carente de acabamentos.

Os acabamentos serão completados por cada um... quanto a si mesmo.

Dessa forma, uma ciência de conhecimentos, acompanhados de responsabilidades e deveres.

Ciência estritamente regulada por uma lei universal maior, única na sua visão, inigualável na sua justiça. A lei de causa e efeito, reguladora perfeita da natureza.

Quem está ciente da vida aprende a viver de acordo com as leis da natureza.

"Natureza" é, aqui, aplicada no seu sentido amplo, abrangente.

Desde a nossa natureza, as naturezas de nossos veículos, que têm de ser conhecidas e respeitadas, cumpridas em suas finalidades evolutivas. Chegando, nessa expansão, do núcleo para a periferia, à natureza circundante, aquela exteriorizada e visível, mas passando pelas naturezas de nossos semelhantes, de nossos próximos.

Em todo esse contexto está o depoimento da vida.

E a todo esse contexto devemos responder.

Esse há de ser o nosso desempenho.

Porque regras universais e regras da natureza são as mesmas.

Vertidas em proporções próprias.

Quem se afeiçoa e cumpre as leis da natureza, entendida esta na sua amplitude como acima procuramos esclarecer, desperta em si as leis universais.

Liga-se, por decorrência, ao cosmos. À totalidade. E chega à felicidade plena, holística.

A Eubiose não cobra esforço.

E, sim, clama por empenho, dedicação.

O esforço, aqui, denota um desvio da verdadeira natureza do ser. Uma atuação artificiosa, de criação dúbia.

Já a dedicação é o desenvolvimento de uma naturalidade que tem de se apresentar, justa e benfazeja, para o cumprimento da vida de evolução e sucesso.

Em suma, Eubiose é, se assim quisermos, a reorganização do conjunto da vida, inspirada pela centelha superior, que em nós habita.

## ESQUEMA DE COMPREENSÃO DA EUBIOSE

A doutrina eubiótica foi explicada por Henrique José de Souza com o auxílio de um esquema, que divide o ser humano, no seu contexto estrutural, pela expressão de três atributos — os quais, à evidência, não se apresentam, no palco em que se desenvolve o teatro da vida, cada um de sua vez, ou separadamente.

Uma via da expressão indica e esclarece o atributo diretamente conectado com o **veículo mental** do homem, e que demonstra sua capacidade de entendimento: o canal que traz à baila da consciência, ainda na faixa de um assoalho, a relação simplória da distinção morfológica (contornos da forma) e nominativa (nomenclaturas atribuídas a tais visões), em desempenho símile ao de uma criança no seu crescimento dos dois primeiros anos de vida.

Outra vertente parte de sua alma pura, meramente reacional; daquele veículo que, como dissemos atrás, trama um enredo inextrincável com o veículo mental: este é o que denominamos, para uma mais aperfeiçoada compreensão, o **veículo emocional**, no século que se findou muito utilizado idiomaticamente com o radical de proveniência grega *psiké*. Logo, o veículo psíquico, através do qual o homem traz à tona, de seu ser e do meio, as sensações internas e sensoriais.

A linha fecho expressa a característica da **vontade**: é a determinação de conduta que ocasiona tanto o pensar como o falar e o agir na maior parte das vezes, ou ocasionando, ou executando os canais conectados aos dois veículos da alma acima referidos, o mental e o emocional.

Como se vê, a vontade do homem age nas duas laterais da composição das tramas de sua vida, abrindo e fechando seu desempenho, com influência direta e definitiva nos resultados das tessituras que ocasiona ou recebe, não isolada — claro está — dos pensamentos e sentimentos presentes, reforçados ou desafiados pela mesma vontade.

Cada um desses ductos, ou vertentes de expressão, apresenta-se à análise pelo caminho do simples até o complexo, do rudimentar ao elaborado, criando patamares individuais, os quais evidenciam estágios díspares, pode-se dizer, para cada homem. Que dessa forma, como suas digitais, habita uma faixa evolutiva particular.

O autoconhecimento dessa condição há de ser o ponto de partida da futura prática eubiótica, de eleição igualmente própria a cada pesquisador estudioso.

Opera-se com três angulações pontuais, que, do rude ao refinado, demonstram um desempenho rústico, se quisermos: o **sub-homem**; o **homem normal**, que vive o dia-a-dia sem maiores pretensões; e, o ser que se distingue pelas suas elevadas aspirações, o **sobre-homem**, o homem superior.

Na esfera da **mente**, o homem pode apresentar tão-somente reflexos de respostas aos entendimentos proporcionados pela vida, com dificuldades de desempenhar até mesmo novas conotações lógicas decorrentes das evidências, com um raciocínio disperso, não aglutinante, em aparente — e muita vez real — preguiça sem par. É o **ignorante** das deduções primeiras que o pensamento pode e deve fazer; e, fadado ao sofrimento da dependência de outros, pelo seu simplório conhecimento corriqueiro.

Ou o seu desempenho é o razoável pelas exigências do meio em que vive. Atinge deduções normais pela via mental, e sua forma de pensar é suficiente para resolver as equações que se apresentam sem novidades. As coisas novas e que exigem empenho são colocadas, por ele, na vala comum do desinteresse e até mesmo da aversão. No setor do pensamento, sua aspiração se esgota no conhecimento ordinário, singelamente científico e tecnológico: trata-se do **homem racional**, em que seu atributo máximo é a razão, e sua mente apenas indagativa, nunca auto-suficiente na sua busca.

Mas existe aquele homem que não se afronta quando constata uma estreita conotação de raciocínios opostos, que demonstram naturezas comuns, e, logo, viáveis de conciliações. Ainda: estão cônscios que a vida não se esgota na mente, bem como apresenta fatores diversificados em suas fontes originárias, os quais interagem nas conclusões a que chega, provisórias pela possibilidade de crescimento que leva a novas e renovadas compreensões: estes são os **sábios**, na linha do pensamento; esses são os que alcançam a **inteligência luminosa**.

Já na linha da **emoção** temos, na base, os que levam uma vida tão-só reacional; satisfazem a carne, a matéria, para a sobrevivência e o mero prazer. Comem e bebem, dormem e excitam amiúde o prazer sexual, aqui e acolá. Não trocam: se comprazem, pouco importando o que se passa com o próximo, quais os resultados de suas ações e palavras. São, na expressão do termo, os egocêntricos, pois seus respectivos egos são sempre o pivô de todas as coisas, que devem girar em redor. Não negociam; satisfazem-se, custe o que custar. Aqui temos os **egoístas**, homens que são títeres dos desejos.

| **104**                                                            EUBIOSE

Como intermediários dessas sensações, temos os que demonstram alguma ocupação com a vida alheia, vivenciando uma gangorra de emoções, e cujos sentimentos voam conforme o vento. De vez em quando, proporcionam o bem e o justo; com a capacidade de desfazer e até mesmo transformar o benefício provisório em amargo prejuízo. Aos poucos, com o tempo, vão alinhando sua conduta, apresentando alguns progressos no trato com o semelhante; ou, exacerbando seus hábitos e suas manias, os quais, perpetuados nessa sua vida, transferem-se para vícios de difíceis combates. São os **homens emotivos**, emocionais, que ainda têm muito a percorrer.

Já outros, muito mais felizes, educám sua emoção; direcionam-na constantemente para as boas causas, ocupam-se inteligentemente (desempenham uma emoção inteligente, mais que uma inteligência emocional), e trocam, com os outros, crescimentos direcionados para as realizações maiores dos sentimentos e as expressões da fraternidade, com sinais evidentes de altruísmo consciente e reais edificações emocionais. São os **intuitivos**. **Altruístas**, portam-se como cultivadores indômitos do amor universal, que une todas as criaturas.

Na linha da **vontade**, encontramos, na base, aqueles homens mornos, de pouca expressão, praticamente levados pelas decisões alheias, cuja determinação pessoal não é notada, e cujas reações nas direções da vida não são distinguidas. Nem se pode, aqui, aquilatar quais sejam as suas aspirações, as suas metas. Dotados, realmente, de uma vontade difusa, uma **pré-vontade**. Suas ações são apenas **impulsivas**.

Outros, num plano mais alto, contudo ainda não elevado, demonstram variações até mesmo surpreendentes naquilo que querem. Alternam metas boas, justas e propícias para si e para o contexto em que vivem, com desideratos em que se apresentam fracos e submissos, prejudiciais, mesmo, ao bom sucesso. Suas determinações sofrem variantes contraditórias e mesmo extremadas; às vezes sabemos o que querem, outras não, reações próprias da natureza vacilante. Dotados tão-só da **vontade humana**, têm uma determinação variável, vacilante, inconstante enfim.

Fechando a justaposição deste enfoque, encontramos os homens ponderados, cautelosos, mas nem por isso entravadores dos progressos.

Cônscios de seus atos, antecipados de mensurações dignas de um sábio, aplicam seu querer em espectro abrangente, nunca priorizando o particular em detrimento do coletivo. Ou seja, medem com notável qualidade as conseqüências dos fatos que ocasionam, não prejudicando nem a si e nem aos demais; antes e ao contrário, fazendo presente seu espírito superior. Estas são as pessoas de **supravontade**.

Veja-se que estes aspectos, quando englobados constituindo-se em **nove setores** ou **seções**, fornecem pontos básicos, reais faixas para uma auto-análise.

Essa autoverificação é de ser promovida por cada um, é óbvio que quanto a si mesmo, pois "auto" condiciona o "voltado para si"; e, com a isenção presente: sem alívios quanto à condição detida em cada setor, mas igualmente sem cores carregadas.

Aqueles habituados a despejar críticas nos outros, involuntariamente deitam críticas quanto a si próprios, num círculo vicioso de difícil saída.

A moderação é um esperançoso indicador de maiores êxitos.

O esquema proporciona um conhecimento mais detido e eficaz quanto a cada um de nós no desempenho da vida. Este o ensino maior que a Eubiose proporciona.

Aqui estão esclarecimentos quanto às vivências, não adentrando, ainda, a esfera dos valores essenciais. Embora estes iluminem os páramos mais elevados de cada setor.

O homem que **apenas reage** nos patamares básicos da mente, da ação a que leva a emoção, e da vontade, aqui pré-demonstrada, vive no **submundo**.

A pessoa que apresenta um progresso de escolhas múltiplas e conflitantes, de pouca ou nenhuma consciência, com **vacilações** e **dúvidas sucessivas**, está simploriamente no **mundo**.

Já o ser que se destaca, chegando à **excelência do pensamento**, ao **refinamento das emoções**, arauto da fraternidade, e colocando sua vontade com **sabedoria** e **autêntico amor**, acalenta e vive num **supramundo**.

**Submundo**, **mundo** e **supramundo** são as três faixas que podemos distinguir com nitidez.

| 106

Claro está que as variantes mesclam essas condições, e podemos chegar a outras classificações, algumas das quais realmente impressionantes.

Temos homens dotados de um baixo instinto emocional, submissos aos meros desejos, que constituem os prazeres menores da alma; trazendo um conhecimento razoável, e possuídos de uma vontade poderosa, que apenas não se torna superior pela ausência de atributos na fonte das sensações e dos sentimentos, e na busca de pensamentos mais completos. O poder da vontade igualmente acompanha o esquema, de baixo para cima, desde a debilidade até expressão do domínio. Tais homens são portadores de tramas sub-reptícias e surpreendentes, que não raro ocasionam enormes distúrbios nas proporções e nos caminhos dos outros, prejudicando seus equilíbrios e, pois, a busca natural de suas próprias evoluções.

Outros são parcos, sofríveis na sua capacidade mental, mas formosos nos seus sentimentos, tendentes à colaboração sistemática para com os semelhantes, e portadores de uma vontade média. Bondosos, embora quase ignorantes na razão, costumeiramente se apresentam como cidadãos positivos no meio em que vivem, cultivando afeições que enobrecem a condição humana.

Enfim, incumbe ao leitor, assim ilustrado, a análise de outras circunstâncias, todas elas envoltas, como desejável, do caráter construtivo, pois cada um deve proporcionar crescimentos para si e para os outros, a fim de que possamos galgar o alto do edifício humano.

Vista e de certa forma revisada a base, vamos analisar como a Eubiose se posta perante os quatro grandes campos do conhecimento comum, sintetizados em filosofias, religiões, ciências, artes.

Embora mesclados em ordenamentos mentais e sensoriais, o pensamento é a matéria preponderante da Filosofia e se apresenta fundamental na Ciência.

Já a emoção é notável na Arte, e se constitui no predominante cultivo da Religião.

Com essas tônicas, destacadas, prosseguimos.

## FILOSOFIA E EUBIOSE

A notícia da origem filosófica, para nós, ocidentais, provém da Grécia. Contudo, hindus, árabes, chineses, foram povos igualmente diferenciados nas exposições do pensamento, legando linhas de profunda riqueza. As quais, pelo contato atual que podemos manter, revelam escaninhos preciosos da natureza mental humana.

Filosofia, palavra vernácula de etimologia grega, expressa a idéia de "amor à sabedoria", afinidade com o saber.

O conhecimento em si, pelo estágio próprio do globo em que vivemos, situa-se na mente do ser, e cuja expressão mais proeminente, embora não única, utiliza-se da estrutura do cérebro para se fazer presente, mormente por palavras e atos.

O homem, desde suas primeiras concepções decorrentes dos contatos com a proposta de vida que o cerca, propende a utilizar seu pensamento, necessário às conexões básicas para o desempenho da atual existência que começa a se fazer presente.

De início, débil, com noções isoladas, desconexas mesmo; que, num crescendo, pela naturalidade que se apresenta no maior número dos percursos individuais, passam a expressar um contexto, responsável pela escolha de caminhos, e que tem induvidosamente o sentido de filosofar.

Logo, quase todos nós, de forma concreta, filosofamos.

Queremos nos sair bem, dentro das circunstâncias em que vivemos, e perante aquelas renovadas que se apresentam.

Assim, dentro de um percurso corriqueiro, promovemos, pelo pensamento, se não um roteiro ao menos os passos seguintes que queremos palmilhar, já que lançados estamos na corrente de diversificadas vivenciações.

Essas escolhas formam o que popularmente é distinguida como "filosofia de vida"; a caminhada, raciocinada, que de certa forma adotamos para cumprir com circunstâncias e eleições.

Cremos ter exposto o esclarecimento básico para situarmos, aqui, o ideal e a prática eubióticos.

Esse entendimento, essa compreensão via mental, pode-se esgotar em episódios quase estanques, separados, que guardam entre si pouca ou nenhuma ligação, episódios que ocasionam fraquezas e dispersões sucessivas e ininterruptas para o praticante da vida, gerando, não raro, incoerências e atordoamentos, mesmo no nível mental; acontecimentos impróprios àquela felicidade que naturalmente cada ser almeja.

Em contrapartida, na situação oposta, pode ele, homem, representar um animador assentamento de idéias; é claro que não fixas e nem inflexíveis, e sim distribuídas num conserto que o direciona para metas mais completas e satisfatórias, escolhidas e verificadas com empenho e tranqüilidade, passadas pelo incessante crivo da meta mais elevada que vislumbramos, e substituídas sempre que tal nos esteja claro, dentro de necessidades. Sem que percamos essa meta, ou a troquemos por outra mais própria à nossa natureza superior.

O compasso desejável se apresenta mais ou menos com esses contornos.

Para desvendar essa trilha, entretanto, não somos — ressalvados casos especialíssimos — auto-suficientes.

Nossas próprias escolhas merecem ser esclarecidas e ampliadas nos seus alcances. Em última análise, abastecidas positivamente.

Todo homem tem direito a esse tipo de evolução.

Assim como, em sendo uma pessoa de bem, natural será que detenha a expectativa de o referido abastecimento se perfazer através de uma árvore, de um arcabouço benfazejo, que lhe forneça as vergônteas dessa honesta proposta.

Voltada para transmutar sua vida-energia em vida-consciência, torna-se credora para, no final, fazê-lo deparar com sua real natureza.

Ela se volta para essa meta altissonante na sua atual existência.

Desde que firme na sua proposta, constatará que os portais da sabedoria não lhes são indiferentes. De forma vaga, no início, mas potente na dinamização que venha a ocorrer, esses "novos" conhecimentos, esparsos, vão se aglutinando, e sendo enriquecidos pelo seu notável senso íntimo, que aos poucos vai se apresentando.

Aqui a Eubiose é de uma utilidade sem par.

Pois, além de esclarecer com precisão o sentido da vida, adiciona — melhor será dizer desperta — o que de mais essencial, que está em nós, deva nos guiar.

Esses atributos não vêm de fora. Provêm, isto sim, desse nosso incomparável tesouro interior.

Filosoficamente, tal despertar se esteia no conhecimento da concepção eubiótica da vida.

Dessa forma, a Eubiose se adita a qualquer linha de pensamento, contrariando-a quando afrontosa aos atributos do Bem, do Bom, do Belo; retificando-a quando passível de modificação evolucional; e completando-a, pois acrescentando outros elementos para que igualmente os demais veículos, além do veículo mental, possam alçar com sucesso os desenvolvimentos de suas próprias naturalidades.

A compreensão da linha eubiótica, que explica e esclarece a vida, se faz prioritariamente pelo mental. E, aqui, a filosofia que se vai eleger é crucial.

Eis, em contornos gerais, como a Eubiose se acrescenta à linha do pensamento do homem.

## CIÊNCIA E EUBIOSE

A Ciência atua com diversificadas hipóteses; mas, apenas aprova e elege aquelas passíveis de constatações, de comprovações, e que portem, ao menos por considerável tempo, a aura de certeza.

Thomas Kühn, físico e filósofo alemão que atuou no século passado, apresentou a teoria bastante aceitável de que o campo científico desenvolve-se baseado em paradigmas (do Latim, "modelo", "modo"), reais constelações de idéias e trabalhos que se constituem no acervo de partida para que uma comunidade de investigadores, homens de ciência, promova suas constatações e formulem suas teorias.

Bem se vê que tais atuações, periódicas, submissas portanto a uma cronologia, aceita provisoriamente, apenas como hipótese, um dado acontecimento, uma dada realidade, para sobre a mesma investir o crivo da verificação: elegendo-o, ao final desse lapso, como fato científico — abonado pela Ciência; ou relegando-o, ou rejeitando-o, no geral largando-o na amargura da desclassificação. É pior quando lança sobre o mesmo a pecha da dúvida, do desconserto e da ridicularização, como a história desse setor comprova, e ocorre ainda nestes nossos tempos.

O porquê dessa circunstância é agora, para o leitor, de fácil dedução.

O universo que vemos, ouvimos e pensamos é diminuto perante o enorme espaço em que ocorrem acontecimentos reais, mas que esses atributos (da visão, da audição, do pensamento) não podem concretizar, objetivar.

Queremos dizer que cada um de nós está inserido num vasto contexto de realidades — para nós, porém, invisíveis, inaudíveis, impensáveis para a matéria e para a concepção física.

Aqueles que preferem trabalhar tão-somente neste derradeiro setor, acreditando, para suas operosidades, só no constatável para o espaço dos sentidos da vista e do ouvido, como do pensamento ordinário e ordenado pelos parâmetros da lógica, são os que rejeitam, pelo posicionamento e pela não admissibilidade, o que não aparece e não impressiona, mormente aqueles sentidos; e, às vezes, o tato bem como a olfação; raramente, o gosto pelo paladar.

Contudo, o universo não está ocupado e nem submisso a essa parcialidade, a essa setorização.

Não se pode esperar, da natureza, da biologia em seu senso amplo, a base ética que o homem elege, porque a ele convém bem distribuir e desenvolver suas coisas, na razão da capacidade do seu entendimento, ainda cerceado pelos próprios obstáculos que formula em suas conceituações.

A natureza humana, e das coisas, é o que é.

Apartando-se, como se apartam os cientistas meramente racionais, de acontecimentos que geram hipóteses já, a priori, inviáveis de demonstrações, deixam, eles próprios, de descobrir seus universos pessoais e particulares, prestando um desserviço às suas individuais evoluções. E retardando para si, quando não para os demais de seus espaços, o entendimento preciso a que conduz o acervo de admissibilidade e de constatações, vertidos pelo esclarecimento eubiótico.

A vida está mais e muito além do demonstrável.

Os fatos mais notáveis são de experimentos próprios e, muitas vezes, únicos.

À medida que admitimos traços e proporções invisíveis, que compõem, certamente, o nosso mundo pessoal; mais que isso, trazemos pa-

EUBIOSE, CIÊNCIA DA VIDA

ra o consciente normal e para a vida o convívio com essas admissões, vemos crescer nossa aura percepcional, e mergulhamos paulatinamente num universo diferente, aparentemente novo para o nosso entendimento anterior, constituído de algumas surpresas, mas compostos também de muitas riquezas para o nosso crescimento anímico.

Mercê dos tempos, os cientistas de nomeada, como Planck, Poincaré, Einstein, Bohr, Heisenberg, Groff, Chopra, Amit Goswami dentre outros, e vividos recentemente (uma vez que 80, 100, 120 anos são fagulhas na cronologia da história do homem), são (nos moldes como o foi Isaac Newton, o memorável inglês do mundo que saía do torpor que significou a Média Idade no tempo contado pela História), foram e são, os ainda vivos, **sábios**. Pois souberam enxergar além da mera ciência que praticavam ou praticam, viram e vêem, bem como decifraram e decifram pontos valiosos e esclarecedores da vida. Eles nos legaram seus autorizados depoimentos.

Esses os homens de ciência que merecem enaltecimentos.

Eles elucidaram a humanidade, de modo geral.

O valor filosófico de Newton não foi, e não poderia mesmo ser, ressaltado, pela mentalidade cerceada da época em que viveu.

O relato de sua vida demonstra a sua condição ímpar.

Constata-se uma vez mais aqui, que, caso a Ciência venha a se desenvolver sem apartar o homem do fenômeno; e, contrariamente, admitir no seu corpo de "hipóteses de trabalho", que o fenômeno apenas existe pela presença humana, que dele toma parte diretamente (como alguns setores hoje levantam tão notório quanto intrigante véu), seus passos do passado irão sendo deixados nas brumas dos tempos.

E ela, a Ciência, mergulhará, da linha do pensamento frio, como no passado, para a esfera da real composição humana, com tantos anseios a serem emanados e cumpridos.

E o cientista se sentirá, concomitantemente, religioso.

Porque religará, em si, o indispensável para interpretarmos os aparentes fenômenos que ilustram o caminho do homem; religará o efêmero com o eterno, abrindo seus próprios canais de ver, entender e explicar o mundo em atuação.

Dessa forma, temos que a Eubiose está além da Ciência assim dita "oficial", porque reconhecida e granítica, inflexível no seu tempo de crédito quase sempre forçado, uma vez que "desconhece" o que não se demonstra por meios ou aparelhos de alcances limitados.

A Eubiose se acresce a tal ciência.

Portanto, está adiante.

## ARTE E EUBIOSE

Abrimos, aqui, o momento de falarmos sobre um setor de preponderância íntima emocional. Embora a Arte se utilize, amiúde, de técnicas e padrões disponíveis pelos avanços das pesquisas, mormente em áreas da ciência investigatória, criadora de renovados meios de expressão.

Arte é expressão.

Que pode, ou não, perseguir e atingir o bom sentido; pode, ou não, cumprir com os padrões da estética.

Assim como a **filosofia positiva** benfazeja se afeiçoa à **ética**, o comportamento do homem na vida que deve facilitar, e, portanto não obstaculizar, o caminho justo seu e dos demais, proporcionando bem-estar, crescimento, dignidade, respeito mútuo e ainda outras condições de harmonias elevadas; a **arte produtiva e positiva**, de bom resultado, agasalha a **estética**.

A estética pode ser vista como a distribuição auditiva, táctil, visual, que promove o enaltecimento dos valores anímicos, tendendo-os às realizações próprias da essência informadora do espírito, e, pois, envoltas por altissonantes harmonias; as quais produzem, nos seus efeitos, bem-estar, tranqüilidade, enfim, um estado de plenitude feliz, ainda que passageiro.

As satisfações menores e de rústicos campos sensórios não constituem o setor apropriado da **verdadeira arte**, que é a **arte que eleva, a arte que enaltece**.

A arte que devemos eleger e proporcionar, a nós próprios e aos outros, é a arte que promove a sensação de comungarmos com os eternos valores cósmicos, e que aos poucos vamos desvendando em nós.

EUBIOSE, CIÊNCIA DA VIDA

Seja ela com o predomínio cromático, como na pintura; ou morfológico, como na escultura; sonoro, como na música, predominâncias essas apenas exemplificativas, mescladas na arte teatral, em que se conta inclusive o gestual desses intérpretes, **sempre e sempre deve se fazer presente a harmonia de elevação, o sincronismo que acrescenta e enaltece os valores sempiternos,** próprios do campo da imortalidade, que se revelam ao homem aqui e acolá.

As artes que assim não se apresentam são falsas perante a realidade da verdadeira Arte, criada e trazida pelos deuses, e que anunciam os domínios que lhes são próprios. Artes provindas do próprio Olimpo.

As falsas artes reduzem o valor da condição humana a parcas passagens gozosas, de prazeres efêmeros, integrantes — é certo — de uma parcela do ser, mas que podem condicioná-lo, habituá-lo ao menos, e mesmo viciá-lo em apreciar o mundo preponderantemente por esta óptica reduzida, curta, e de pouca ou nenhuma valia para sua verdadeira natureza, que é a essencial.

Tudo o que faz parte da estruturação humana não é desprezível, nem dispensável. Tem seu sentido, para que possa ser objeto da modificação, sendo transmutável e transformável, num crescimento natural de valorização apontada para a felicidade infinita.

Se e enquanto isso não ocorre, incumbe ao ser que está na corrente evolutiva trabalhar e se empenhar no sentido correto, que leva à liberação; e, não, ao condicionamento, à dependência.

Dependência existe apenas quanto à matéria.

O espírito, este é livre. Portanto, ele mesmo não condiciona nada e nem ninguém.

Nele o homem encontra a libertação, passo adiante da liberação. Esta há de anteceder aquela.

Portanto, a Eubiose distingue e enaltece a arte que libera. A Arte que importa para a liberação. A Arte estética e harmônica com os fatores superiores da vida.

E alerta contra a falsa arte.

Mesmo aqui, a Eubiose está além da arte, pois a foca com propriedade; distingue umas de outras, valoriza as maiores e que são de visível ou audível harmonia estética; e serve, uma vez mais, à elucidação daquele que se dispõe a entender, entronizar e praticar a vida descoberta: descobrindo, verdadeiramente, a vida em si, com todas as naturezas integradas, harmônicas e em crescimento evolucional.

## RELIGIÃO E EUBIOSE

Por derradeiro, neste breve quadro comparativo, vamos situar a Eubiose frente à religião.

Esclarecendo, de princípio, que classificamos como "positivas" aquelas formas religiosas que adotam o princípio de prometer a seus fiéis, seja explícita ou veladamente, as benesses de uma vida feliz *posmortem*, ou seja, após a morte, desde que seguidos os seus princípios e obedecidas as suas regras.

Assim não é a Eubiose.

O contexto eubiótico não combina com essa maneira de ver e se posicionar frente ao que seja "religião", forma substantivada do verbo religar, etimologicamente proveniente do Latim *"religare"*, como seja, *ligo, ligare*, com o senso de juntar, unir, atar, ligar; adicionado do prefixo *re*, aqui significando outra vez, novamente, como repetição. Formando a idéia de "unir outra vez", obviamente, ligar o que outrora já estivera juntado, atado.

O caro leitor, que acompanhou as noções aqui expostas, deduz, com certeza, que a alusão refere-se ao que, no princípio das coisas, constituía uma só coisa. Desligadas que foram suas duas partes para proporcionar o alcance do significado da criação e da própria vida; vale dizer, a fusão persistentemente perseguida de unir o passageiro e efêmero com o duradouro e eterno, a personalidade à individualidade; a matéria ao espírito; a alma, *psiké*, ao seu amado, *Eros*.

Eis aí o real sentido da "comunhão", mesmo aquela da terminologia cristã católica, lançada sob o véu de se receber o Christo, em corpo simbólico, caracterizado na hóstia; e encontrar a definitiva união interna com o Criador, o Pai que está nos Céus, muito embora grande parte dos fiéis ignore esse valioso efeito.

A Eubiose cinge-se tão-só na valorização da religião eterna, a Religião-Sabedoria, que foca e encontra na natureza criada, a chave da autêntica e real comunicação com o Alto.

Para que o homem possa efetivamente evoluir, tem ele de fundir o ápice da sua conquista como praticante do Bem, o que refina efetivamente seu teor anímico; com o Conhecimento, aqui já superior, do entendimento da vida, indo a mente, aos poucos, esplendendo para a abstração que apenas a Sabedoria proporciona: pois aniquila os limites dos pólos opostos, que perdem suas barreiras para possibilitar a coexistência dos contra-colocados, no mais sublime dos paradoxos, para o êxito da compreensão universal e holística.

Tal se processa não na mente ordinária, corriqueira, mas, sim, na sobremente.

Chegando a essa ágape, o homem não mais se prende à forma da religião exercitada; mas, intentando essa fusão, faz do ideal uma maneira de vida, que o coloca mais além de qualquer religião positiva, tornando-o um ativo cidadão ecumênico.

Ele descobre, então, que as variadas formas adotadas prendem-se a visões parciais. Enquanto ele pode vislumbrar o tronco de onde partem as variadas versões.

Desde então ele pode estar presente nos variados cultos, entendendo-os, em suas simbologias — quando não deturpadas — a linguagem da busca da religação. Respeitando-os, é certo, quando honestos da parte dos dirigentes e freqüentadores, e a eles portando o alento dessa compreensão mais completa, para enaltecer os acertos desses degraus que podem igualmente levar à Verdade.

Logo, a Eubiose não é, e nem pode ser, contra quaisquer das formas religiosas ministradas e acolhidas com propósitos honestos.

Mas, de outra sorte, não concorda — e não pode abonar — os meandros dessas formas que dificultam e às vezes impedem, mesmo, o amadurecimento do praticante, facilitando algumas nuances menores de sua alma, que se vê agasalhada e protegida por... protetores frágeis quanto aos magníficos vôos de suas possibilidades.

Não se quer com isto dizer que a Eubiose dispensa a prática religiosa.

Mas adota aquela que facilita e enobrece essa aproximação tão necessária entre o passageiro e o eterno.

E o faz pela **magia teúrgica**, a única que se faz digna para a centelha espiritual de cada homem.

Essa magia de Deus é praticada pela Igreja de reconhecimento único, qual seja, a **Igreja de Melki-Tsedeck**, ponto de partida das outras igrejas que não a compreenderam.

Para tanto, adota o **rito da exaltação dos valores essenciais**. Cor, o branco. Símbolos, os agregados à busca espiritual. Sons, os de conforto da centelha deífica. Perfumes, os facilitadores desse panorama de riqueza e bem-estar. Por fim, palavras que confirmam essa intensíssima relação Criador-criatura.

A postura, é a da cerimônia. Dos gestos suaves e de significativo respeito.

Apenas assim o homem vai se desligando da forma, e captando as excelsas vibrações divinas.

É dessa forma que a Eubiose interage com a religião: enaltecendo esta, quando autêntica e estimuladora do único despertar aceitável: o do espírito de cada ser deste mundo.

# SEGUNDA PARTE

✳

# Anotações

# TEOSOFIA E EUBIOSE

A estrutura do ser humano está explicada, com perfeição, pela Teosofia.

O "conhecimento dos deuses", como se traduz o seu significado — conservado que esteve, na raça ária, mormente no Tibete — veio à luz do Ocidente pelo empenho dos Mahatmas, os seres que se expuseram como representantes das linhas do chamado *Pramantha* nos meados do século XIX.

Esses Mahatmas, notadamente Koot-Humi e Morya, conduziram todos os escritos de Helena Petrovna Hann Fadeef Blavatsky (HPB — 1831-1891), de forma direta; ou oblíqua, aqui por inspiração através do astral. Ela mesma, HPB, o diz.

A exposição dessa ciência milenar, entrevista na Índia como *Brâhmâ Vidya* — Sabedoria de Brahma, e *Gupta Vidya* — Sabedoria Secreta, teve, ao longo da história, e para estas bandas ocidentais, duas altissonâncias: com os platônicos, pelo século IV a.C., despontando Pitágoras, Sócrates, Platão; e com os neoplatônicos, século IV d.C., com Ammonio Saccas, Plotino, Porfírio, e na região em que hoje está a atual Síria, com

Jâmblico, Herennius, os quais ressaltaram a preciosidade do autoconhecimento, e esclareceram, os contemporâneos e os pósteros, com o conhecimento superior, trazendo, à luz, a existência de mundos mais elevados, suas estruturas e valores, e, em especial, como alcançá-los e trazê-los para a elucidação do visível.

Assim, a Teosofia constitui a base que agasalha os fundamentos do ser humano, revelando a chegada bem como a formação do homem; e seu desempenho na Terra até o presente, como também o que deve ser realizado a fim de se formar o futuro.

Tais pontos constituem o entendimento indispensável a fim de se intentar tão nobre tarefa.

Daí a Teosofia ter sido conhecida, também, por *Sanatana Dharma*, Doutrina Secreta, Superior.

Em bom e atual vernáculo, Sabedoria Iniciática das Idades.

Um episódio de como viver, na prática, os princípios e os conhecimentos teosóficos, intentou o já referido Sócrates, ao concepcionar a *eupraxia*, a arte de bem viver.

No século que passou, o XX, coube a Henrique José de Souza, reedição humana da inteligência do alto, nos legar tão perfeita e superior doutrina, que busca integrar, no homem, pela sintonia com o Universo e as formas existentes em desempenho de vida que o torne vanguardeiro no surto evolutivo, presente e futuro.

Henrique José de Souza reviu, esclareceu e ampliou o entendimento teosófico de até então, bem como estruturou os princípios informadores do desempenho que o homem há de ter para se harmonizar com o ciclo evolutivo em curso. Identificando e enaltecendo esses princípios sob o lume da espiritualidade.

Em suma, impulsionou a **dinâmica** que se faz necessária para que se dê o império da consciência superior que habita o homem.

Ele afirmou: "Quem não for ocultista, não pode ser teósofo. Quem não for teósofo, não pode praticar a Eubiose."

E deixou claro, em uma de suas obras e ao longo de esparsos ensinamentos, que apenas o teósofo é o verdadeiro ocultista. Por ser aquele que enaltece e desenvolve, com **senso evolutivo**, este recôndito campo da expressão humana.

Logo, a Teosofia é, essencialmente, uma estrutura.

A Eubiose, que pressupõe o discernimento teosófico, uma prática.

Um desempenho. Não apenas uma vivência, mas **a** vivência.

Eis o que é a Teosofia.

Eis o que é Eubiose.

## REALIDADE-IMAGINAÇÃO-IDEAÇÃO

Quando acordados, e vigilantes dos sentidos, nós vivemos a maior parte do tempo em interação com a **realidade**, do *res, rei* latino ("coisa"), nos inteirando dos fatos e circunstâncias.

Os fatos nos impressionam no senso mais grosseiro dos nossos sentidos: é quando ouvimos, sentimos em nosso corpo, vemos, degustamos e cheiramos as coisas. Essa impressão age sobre o binômio físico-vital.

Já as circunstâncias, os envoltórios dos fatos, são concepcionadas por nós no binômio psicomental-vital.

Será importante distinguirmos dois campos distintos mas interagentes desse nosso acervo percepcional: um que qualificaríamos "daqui pra lá"; e outro, "de lá pra cá".

O eixo dessas impressões está na mente.

Essa compreensão é fundamental para falarmos das **imaginações** e referirmos o vasto setor da **ideação**.

As imagens compõem enormemente o mundo mental. Geralmente formuladas pela captação procedida pelos nossos sentidos comuns, acima descritos, pela atuação de nossa mente ordinária, elas passam a habitar esse mundo mental. Aproximam-se mesmo e se agrupam. E têm vida.

Quando **imaginamos**, formamos a imagem de algo, e esse mundo mental — que não é individual nosso — passa a agasalhar tal imagem.

As trocas e vazamentos para o trato mental deste ou daquele homem são infindáveis.

Daí decorre a expressão "isto é fruto da imaginação", ou seja, de um tipo de atuação "de" ou "sobre" esse infindável campo, para o qual corre a nossa concepção, e de onde provêm as concepções que não nos são próprias. Provenientes dessa imaginação são as fantasias que povoam nossas mentes e nossas emoções.

Tais criações fantasiosas têm mais ou menos caráter pessoal, e são igualmente mais ou menos úteis ao nosso processo evolucional.

Elas podem influenciar camadas delicadas de nossa sensoriedade, conforme estejam vocacionadas a pontos nevrálgicos que possuímos pelo decorrer de nossa existência.

Além dessa camada das imagens multifárias, está o esplêndido **universo das idéias**.

São as únicas realidades para o mundo do espírito, e constituem, para o homem superior, o campo da Verdade.

Platão nos faz a alegoria por excelência quando trata da "caverna" para onde promanam as **autênticas idéias**, vistas pelos homens comuns apenas como sombras.

Ele nos esclarece que estamos sentados e com nossos olhos voltados para o fundo da caverna, sendo que atrás de nós existe um tablado e uma luz, que reflete as figuras (as quais desfilam nesse tablado), no fundo da caverna. Vemos imagens como sombras, mas não a realidade.

As figuras são as **idéias**, das quais, portanto, constatamos apenas a reprodução fugaz e irreal que se apresentam como tais sombras.

Caso voltemos nossa visão para o lado oposto àquele em que está direcionada, ficaremos praticamente cegos pela volumosa luz que dá vida às idéias, e constataremos que as únicas coisas existentes são essas idéias. Ainda que insistamos para outros fazerem o mesmo, corremos o risco de não sermos seguidos; e nem mesmo compreendidos.

Nos estados do dia-a-dia, e quando estamos quase só "daqui pra lá", albergamos as condições mais apropriadas para vivenciarmos sonhos, fantasias, pseudoverdades, realidades menores, menos próprias para uma evolução feliz.

ANOTAÇÕES

Contudo, se nos postamos ainda que em rápidos rasgos "de lá pra cá", assim seja, com almejada dedicação aos nossos valores maiores, nos aproximamos do sentido mais estreito de uma realidade verdadeira. Fazemos luz do campo da Verdade para o reino da realidade, interpretando esta de forma mais completa e, pois, feliz.

Esses são os passos para a nossa evolução.

Dessa forma, a **ideação** se constitui na busca incessante daquele que quer (pela sua vontade, portanto) atingir um estado mais elevado e digno de existência.

Pelo visto, não cabe confundir a **realidade** com a **ideação**, embora deva, aquela, se inspirar nesta.

Mais arriscado ainda é identificar a **ideação** com a **imaginação**, sendo esta fonte de muitas criações distorcidas quando coloca a realidade a serviço de valores menores que estão em nós, e, na direção inversa, esses mesmos valores formulam imagens inadequadas para uma compreensão universalista do processo chamado "vida".

Na **ideação** inexistem distorções quanto à rota evolutiva. Tudo é afeiçoado e ajustado para o sucesso da mônada, a qual está na torrente da mutação incessante que a vida exige até o êxito de uma etapa.

Logo, colocar a ideação na atual existência, modificando as imaginações menores e perturbadoras, quando não desviadoras da rota, para adequá-las a nos proporcionar uma realidade mais e mais conforme àquele mundo maior, se constitui na **chave-mestra** de uma **vida interessada em crescer.**

O mundo da **ideação** nos chega pelos **símbolos**, que são sinais mais ou menos formatados pela nossa mente, os quais nos cabe interpretar.

Nossa opinião é uma tentativa de acerto.

Logo, sem a certeza desse acerto.

A opinião é apenas um "ponto de vista", um enfoque, que pode ser mais ou menos acertado.

Nesse caminho, quando gradativamente permutamos opiniões por certezas — e estas têm a chancela do plano ideal — estamos crescendo, evoluindo.

Em síntese: respeitadas as proporções, a realidade está para o corpo físico; a imaginação, na alma: e a ideação é o próprio espírito, sede da Verdade.

Ajustar a relação realidade-Verdade é o que nos compete.

Eis a postura da qual não devemos nos afastar.

# RELIGIOSIDADE

A religiosidade — é a condição de ter religião — antecede toda e qualquer forma de manifestação exterior dessa inata natureza interna do ser pensante.

Como vimos, até em detalhes, na parte primeira deste nosso trabalho, enquanto no curso da existência, pontilhada por vidas (vida é a manifestação, nos efeitos, dos passos da constante evolução), o homem vê brotar, seja em que etapa for, o anseio pelo retorno a uma condição primeva; ignota, mas que vai pouco a pouco se fazendo presente com vislumbres de um estado mais completo de satisfação e felicidade.

Esse o estado nascedouro da religiosidade.

Tal estado independe da condição mental, da formulação do pensamento.

A ele se refere, com brilho ímpar, aquele considerado santo na Índia, donde o ápodo precedente ao seu nome de "*Sri*", senhor de especial respeito, que foi Ramakrishna, cuja vida, nesse tomo, se desenvolveu no século XIX (1834-1886), caminhando, portanto, para 200 anos atrás.

É o que revela o evangelho escrito por seus discípulos diretos.

Até mesmo um estado meramente emocional será insuficiente para o alcance da religiosidade.

Como deixamos claro ao discorrermos, adiante, sobre a **fé emocional,** que é fugaz, circunstancial, e, portanto, ilusória. Útil quando deixa entrever, nascente, a **fé intuicional**.

ANOTAÇÕES · **125** |

A religiosidade é, a rigor, o despertar da vontade superior do homem enquanto evolutivo.

Fruto de uma decisão, que distante está da mera resolução mental.

E resultado, portanto, de algumas práticas, pois a vontade se desempenha na ação.

A ação precisa ser entendida, especialmente aqui, no sentido amplo; que não implica necessariamente movimento formal.

A movimentação, invisível para os sentidos, do próprio acervo psicomental, contribui para o resultado desejado: o despertar da religiosidade, que é individual.

Própria de cada um.

Portanto, a ser buscada também individualmente.

O maior responsável pelo seu despertar é o beneficiário mesmo.

Sem desvalia às diversas formatações religiosas que o mundo apresenta, por isso chamadas "positivas", existentes, o valor intrínseco do desempenho em qualquer dessas formas é que pode efetivamente desenvolver o sagrado no homem.

Sob pena de, quando não alcançado, ser fonte de enganos, desencantos e submissões.

Porque, dirigidas igualmente por homens que intentam evoluir, essas formas estão sujeitas a tendências ainda não transmutadas, que podem se expressar como poder, tirania, orgulho, vaidade, e outras expressões de nocivo raio de atuação.

Quase sempre o buscar fora, no que estamos tratando, antecede o encontrar dentro.

A chave maior do resultado foca-se na intenção.

Sendo ela construtiva e sadia, como é de ser uma boa forma religiosa positiva, acalentará, certamente, a aspiração maior, ínsita à religiosidade, como seja, a meta da liberdade e da liberação.

Apenas o homem que se acha liberto se libera.

Liberto de injunções e peias, pressões e chantagens.

Em casos raros, quando a religiosidade desde cedo acalenta a vida, o ser beneficiado encontra a maneira de sua exteriorização. Estrutura ou identifica o cerimonial adequado ao seu desempenho.

Aqui, a essência antecede a forma, guia-a pela sensibilidade acertada, e compõe a estrutura teúrgica condizente.

A teurgia (obra divina) é o encontro final e pleno da religiosidade do ser vivo.

Que, a partir de então, entende e até participa de formas menores, menos completas, mas não se satisfaz nessas expressões.

Todas elas, quando doadoras de consciência e livres das intenções submissivas, têm valor nessa busca.

Por isso, o verdadeiro teurgo as valoriza e respeita.

Tendo alcançado esse porto firme, pode e deve incursionar pelas demais maneiras honestas de aspirar a divindade, até mesmo para doar seu testemunho, nas celebrações, com pensamentos e atitudes mais elevadas, no afã de conceder, ao ambiente, vibrações mais sutis e valiosas.

Quem reconhece e se identifica com o Criador, coloca-se a seu serviço.

Vale uma indagação, esta de cunho filosófico: Deus é transcendente? Deus é imanente?

Ou seja, em linguagem simplificada, Deus está além de nós? Deus está em nós?

Para o neófito da religiosidade, Deus é externo, acha-se além de nossos prognósticos: transcende, se posta distante. O caminho será adorá-lo, quando não idolatrá-lo, itinerário temeroso, que pode implantar no investigador o sentido da exclusividade, da visão unilateral, única mesmo, tornando-se um fã cego dessa sua visão: aqui, quimérica, sonhadora, de sua quase exclusiva criação.

E o fã, incondicional dessa situação e condicionado por essa situação, ativa o fanatismo, de proporções danosas — maiores ou menores — para o conjunto social em si.

Muito grande, até maior, quando o fanático é dissimulado, aparentemente seguro, o que pode propiciar uma infiltração deletéria, de conseqüências imprevisíveis nos atingidos pelas "mensagens" pseudo-espiritualizadas.

# ANOTAÇÕES

Já o realizador autêntico da religiosidade sensibiliza, em si, a imanência da Centelha Criadora. Deus passa a pulsar no seu íntimo.

E ele gradativamente vai identificando o reduto último do seu ser com esse verdadeiro sentimento, que não é uma criação da sua alma, e, sim, a aspiração última e definitiva desta.

Deus e ele são um.

Este sentir apenas se completa com a eliminação das mazelas cruciais do veículo anímico, dentre os quais a vaidade e o orgulho.

De tal sorte que o homem superior desperto não se ufana dessa sensação; ao contrário, sente o dever de compartilhá-la com o próximo, ou, em linguagem mais correta, de proporcionar melhores condições para que seu semelhante possa despertá-la no seu próprio íntimo.

Henrique José de Souza sempre insistiu nessa terminologia: a consciência espiritual, a verdadeira consciência, não é planificada, arquitetada, elaborada; existindo, como existe, pela sua natureza deífica, desde o começo até o fim dos tempos, ela é objeto apenas de um **despertar**.

Pelo que, concluímos: ninguém ensina a religião verdadeira a ninguém.

Lícitos, favoráveis e benfazejos expedientes podem ser utilizados para o fim desse despertar.

Como uma doutrina natural e completa, que abasteça, com os bons frutos do conhecimento e do amor, essa vocação inata e evolucional do ser.

A licitude está em não se utilizar artifícios, mormente aqueles que possam retardar esse desabrochar.

Os bons efeitos são, ao contrário, os que favorecem a abreviação desse caminho.

Portanto, o labor por essa doutrina somente estará seguro em mãos daqueles que, ou realizaram-na, ou a estão realizando em suas vidas.

Pois, como já se disse, "apenas o homem liberto e autêntico é capaz de atuar e trabalhar para a liberdade e a autenticidade de seu semelhante", e não outro. Frase que ouvimos muitos anos atrás, infelizmente hoje não identificada pela nossa memória, mas de incomensurável valor nos dias atuais.

Já este realizador da verdadeira mensagem, aquela que provém do Eu Superior para o Ego passageiro, trata a divindade, que identificou em si próprio, como imanente e como transcendente. Porque, no derradeiro reduto do Deus deste universo, está a condição eterna, impraticável de ser identificada neste "mundo de nome e forma", como o nomeia a corrente esotérica.

A idéia do "sem forma" há de ser cogitada.

Como a nomeia o oriental, que fala, na vetusta Índia, em *Parabrahm*, "depois, além de *Brâhmâ*". E *Brâhmâ* é Deus identificado com a primeira pessoa da *trimurti*.

Fechando a idéia, para essa concepção, *Asat* é o "Não Ser". Já que *Sat* é o "Ser".

Em suma, o indivíduo detentor da religiosidade é o mais completo religioso, porque está unindo seus dois acervos integrantes, o passageiro e o definitivo, no seu interior.

Poderemos desconhecer ou nunca ter identificado sua prática, que certamente existe. O que não deslustra o seu valor; antes, o enaltece, pois que solenidades de tão intenso porte vibracional merecem o véu da discrição, para não se submeterem ao risco da incompreensão e mesmo do escárnio.

Esse homem está em fase de religar (sentido latino do termo religião, "ligar outra vez", "juntar de novo"), realizando na Terra o que já foi uno no Céu.

Pois a concepção do Paraíso há de ser intentada em vida.

E não como uma conformada e singela aspiração para depois da morte: esta é uma das altissonâncias do ensino eubiótico.

# QUESTIONAMENTO

Sempre que você perceber, em si próprio, uma posição extremista, radical, seja o tema que for, deverá abrir, no seu trato mental, essa questão para ser revisada.

"Questionar", para nós, equivale a "abrir" ou "reabrir" o tema. "Ver por outros ângulos"; ou "rever", ver novamente.

Esse o ponto de partida do "questionamento", que é o procedimento para se chegar a uma visão mais ampla, mais completa.

Aberto esse questionamento, todos os componentes do tema têm de ser detidamente espiados.

Não deve ser, contudo, uma postura rígida, forçada, que concederá as melhores condições para a solução da temática em análise.

Pois, mesmo aqui, a radicalização é nociva.

Haveremos de permitir que este nosso contexto sensório-perceptivo, que nos conduz à ampliação desejável do nosso próprio universo, nos aproxime e mesmo nos introduza no universo maior.

Com zelo. Com auto-estima. Com auto-admiração.

A pressa proposital, com certeza truncará o itinerário.

E nos levará a uma resposta precipitada, parcial mesmo.

Ainda não será "o melhor que temos" para o fecho provisório da idéia que buscamos alcançar.

Quando "melhoramos" essa nossa concepção, ainda aqui não podemos dar o tema por concluído.

"Conclusão", no senso que estamos falando, é a sensação do "cheguei". E o "cheguei" acaba desinteressando o prosseguimento. Preferível a exclamação "cheguei... até aqui!". E prosseguir, o que exige renovadas reaberturas. Este é o caminho — e não outro.

É a conclusão, quando a consideramos definitiva, que pode levar à oposição de um devido extremo. O que é outra forma de radicalização.

Ora, se estamos claramente combatendo em nós a radicalização, não podemos cultivá-la em nenhum momento.

Qual a base inteligente dessa afirmativa?

É que sempre os dados com que atuamos, para palmilharmos esse sadio caminho, são incompletos.

No plano em que vivemos ocorre uma autêntica "perenidade da incompletude".

Sim.

Entre os nossos sentidos comuns do relacionamento "eu"-"mundo que me cerca" insere-se a mente.

Sem a atuação desta, que acontece não só via cérebro (sem dúvida, o centro por excelência) mas através também de todas as nossas células em pulsações vivas, deixa de acontecer a distinção e a escolha.

No entanto, a mente, quando assim abastecida, ela se modifica. Modifica-se porque é acrescentada de alguma coisa que ainda não possuíamos: a experimentação e a vivência de um estado inovado ou renovado pelo questionamento.

E, com isso, a visão sobre o tema aberto se modifica.

Essa rota, ao invés da convulsão, deve levar a um tipo de "apaziguamento" mental. Pois é próprio da mente indagar, perguntar e mesmo questionar.

Pois essa mudança enseja a vocação de novas mudanças.

E a mente vai mais e mais se "assenhoreando" dos sentidos corriqueiros. Estes vão sendo mais e mais conhecidos por nós próprios.

Dessa forma, a verificação não se fecha.

Apresenta sempre "radicais livres" (estes, positivos para a nossa saúde psicomental), aos quais possam se acoplar novas tentativas de entendimentos.

E eu vou deixando gradativa e paulatinamente de ser um "radical" nas posições da vida.

Esta é a otimização do meu processo de conhecer a vida e o mundo.

Ao contrário de ser um tipo "sem opinião" — que na realidade trata-se do desavisado que jamais trilhou essa inteligência — eu detenho diversificadas opiniões; e, todas sequiosas de novos avanços.

Abro-me, assim, a entendimentos ampliados.

Como resultados orgânicos — se eu assim proceder em relação a tudo o que posso conhecer — amplio, sobremaneira, minhas sinapses cerebrais.

ANOTAÇÕES

As "sinapses" são as correlações alcançadas pelas proximidades dos dendritos (prolongamentos das células neurais do cérebro), e que atuam concedendo a cada um de nós as diversas consciências do plano em que vivemos.

Mas como já vimos, "vida" não é apenas o que julgamos "ouvir", "contatar", "ver", "gustar" e "olfatizar"; e nem se completa no "exteriorizar" o nosso ser. "Vida" inclui esse maravilhoso universo interior, que interage sem cessar nos planos dos sentidos.

Ora, como ela se abre, pelas sinapses incessantes que temos a capacidade de produzir, e que podemos fazê-lo deliberadamente, cada vez mais em melhores condições de conhecimento, repetimos a nossa frase anterior: perseguimos um caminho que nunca se completa, que está sempre para ser acrescentado, e que podemos apodar, na cronologia de nossa consciência de vigília, como uma real "perenidade de incompletude".

Este há de ser um ponto de felicidade. E nunca de insatisfação.

Pois a mente descritiva, que utilizamos num percentual elevadíssimo, tem o direito de se defrontar incessantemente com o portal entreaberto de seu "outro lado", de seu lado maior e ampliadamente mais satisfativo, qual seja, o da "sinapse síntese", que coligará todas as coisas: visíveis e não visíveis.

Só com esta abertura a felicidade estará aqui... lá ... e acolá.

## VELAR, REVELAR, DESVELAR

Para o ser pensante, o mote da vida é conhecer a Verdade.

A Verdade envolve tudo. Incluindo a resposta a respeito de "quem sou", "de onde vim", "para onde vou" — as três respostas que o viandante buscava diante da Esfinge no deserto do Egito vetusto; a qual, por sua vez, o desafiava a tal conhecimento, sob pena de devorar o viandante, na simbologia perfeita do que significa o desafio da vida: ou a deciframos ou somos por ela tragados pela torrente incessante de nascimentos e mortes, o *Sâmsâra* dos indianos.

Enganadamente, o homem raciocina que esse conhecimento depende apenas de uma constatação.

E raciocina porque a mente, agregada aos sentidos normais de percepção, com estes se identifica. E busca a solução de tudo o que seja imaginável pela satisfação desses mesmos sentidos, que são cinco, conforme narramos no Capítulo III da Primeira Parte, já discorrido (audição, tato, visão, gustação, olfação).

Narra a lenda que, sendo necessário o ocultamento da Verdade, para que o seu conhecimento não fosse precipitado e decorrentemente distorcido pelo homem, os deuses se reuniram, e o mais sábio dentre eles opinou que ela fosse guardada no coração do ser que então se formava; o que foi aceito pelo pai de todos, que com a sapiência jupiteriana completou a idéia: ela somente seria conhecida quando o homem a descobrisse dentro de si mesmo. Mais: determinou que a mesma fosse guardada no fundo do seu coração, entendo-se, aqui, o coração da alma.

Apenas quando o homem "descobre" o valor do seu "coração", a Verdade ao mesmo se desvela.

Ela, contudo, não pode ser descrita, e nem mesmo nomeada. Por ser de natureza absoluta, não pode ser restringida por esses limites da mente comum.

Os deuses, contudo, se comprometeram em não abandonar o homem na sua jornada para a deificação. O *pantheon* pelos mesmos integrados haveria — como haverá — de ser enriquecido ao final dessa evolução do ser da Terra.

Assim deliberaram. E dessa forma executam o precioso decreto.

A Verdade vem velada no coração do homem.

Ela se acha escondida, encoberta, ou — na importância desse significado — coberta por véus. Aliás, sete são os véus que A encobrem, daí o sentido original da dança destinada a descobri-La, antes da distorção que a relacionou com a sensualidade: a *dança dos sete véus*. Ela é o núcleo, a bailarina em si, e incumbe ao assistente descerrar ou retirar os véus.

Outro não é, igualmente, o sentido do hímen na mulher, pois, por sua ultrapassagem ou ruptura, o homem pode, também com seu poder criador — neste caso, orgânico — provocar o mistério da formação da vida, em um novo ser.

Por esse compromisso dos deuses, a Verdade passou a ser suscitada, provocada mesmo entre os homens: quer por inspiração indireta (através do itinerário intuitivo); ou, por ação direta de presença dos predestinados a serem exemplos vivos da Sua existência.

Contudo, a sentença visava enobrecer o homem, legando, a ele, o êxito final.

Dessa forma, a Verdade, por esses caminhos, foi sendo, como vem sendo, revelada, divulgada no seu segredo, descoberta, colocada a lume, com novas insinuações e palavras, por esses seres especiais, aparentemente homens como nós.

Respeitosa e respeitada, a determinação dos deuses impedia que esse conhecimento total fosse substituído na consciência de cada um.

Logo, a revelação não poderia deter o poder de inocular a Verdade na consciência humana; e, sim, facilitar o caminho, esclarecendo-o mais e mais.

Permaneceu, como permanece, de incumbência humana o desvelar, o empenho para a elucidação gloriosa, atribuída a cada um: respeita-se que ao indivíduo incumbe chegar à Verdade, por seus próprios atributos, pelo seu próprio empenho e dedicação.

Concluímos, portanto, que a Verdade foi velada; amiúde ela é demonstrada e ventilada de maneira parcial, e portanto revelada; e há de ser desvelada, por e a cada um, já um Titã dessa conquista, ao final do final dos tempos.

## FÉ EMOCIONAL, FÉ ESSENCIAL

Lendo este escrito, nos damos conta de que a propalada Fé não abrange uma só área do nosso ser.

E a demonstração da mesma, apagando sua exteriorização, e ficando apenas no que realmente importa — o que se passa no nosso interior — como seja, a fé nossa para nós próprios, merece uma distinção.

Essa diferença está na gradação de nossa particular consciência espiritual.

Como seja, de onde provém a fé de que estamos alimentados.

Ela pode ter a natureza preponderante do impulso sensório, esse élan mais periférico que nos faz agir, nos faz ser práticos, procurar soluções para os questionamentos e as dificuldades miúdas. Trata-se, aqui, da **fé emocional**.

E ela pode, gradativamente que seja, movimentar todo o nosso conjunto físico-vital, sentimental, mental, fornecendo ampliação autêntica, bem-estar, conforto, dignidade, rasgos de sabedoria e de amor. Estamos possuídos da **fé essencial**, onde nosso espírito se faz presente. Ela provém da nossa verdadeira natureza, soprada pela particular Intuição que possuímos, de que somos dotados e da qual podemos não nos dar conta. Não vem de fora: vem do nosso interior.

Aquela, a emotiva, é plástica, vulnerável, inconstante, mutável. Hoje está aqui; amanhã, ali.

Guarda quase sempre a preponderância da imitação, copia muito das atitudes dos outros; é desavisada, pode gerar a cegueira da alma — mais grave que a do físico — sendo superficial e leviana.

E pode escravizar.

A outra, a essencial, independe do espaço, do lugar. E inclusive do tempo. Refoge a essas coordenadas. Firma-se, mais e mais, como imorredoura. É a mensagem da outra natureza que temos, e a prova maior de sua existência — aliás, a única que pode ser identificada com a Existência.

Esta fé seguramente liberta. Constitui-se no trajeto para o despertar a autêntica e única religiosidade que pode e deve ser praticada: a da

ANOTAÇÕES **135**

comunhão entre o transitório quanto aos efeitos — corpo e alma; e o eternal espírito. Estabelece-se de "Eu" para "eu", do nosso Eu maior para o nosso eu menor.

A operosidade é despertar essa verdadeira natureza de fé.

O ponto de partida é o autoconhecimento.

Integrado, ao ganhar o desenvolvimento, em diversos e diversificados passos.

Se quisermos, em termos práticos: o desiderato é substituir, em nós, a fé menor pela fé maior.

Na direção da Fé comungativa, ponto geratriz da Fraternidade. Única que a tudo e a todos abarca.

# CULTURA

Deixando de lado o sentido acadêmico, podemos esclarecer que cultura é tudo o que acrescentamos ao que existe na natureza: incluindo, aqui, a natureza humana.

A cultura é um acréscimo à natureza das coisas.

Admitimos, para chegar a essa idéia, que o homem e a natureza em si apresentam um estado originário: aquele estado com o qual se apresentam desde logo, para este breve estudo, como um estado primitivo ou natural.

A cultura, sendo um adendo, depende, sempre, de um ato; e, para o ser pensante, de uma atitude: aquela de aprender.

Esse cultivo, contudo, necessita ser dirigido. Para que possa alcançar uma finalidade útil, produtiva; e, para a nossa visão eubiótica, uma finalidade evolutiva.

Fiéis que devemos ser ao verdadeiro arcabouço do ser humano, em termos teosóficos e eubióticos, esclarecemos que a cultura pode ser dirigida preferentemente ao corpo básico, composto do contexto físico e vital; ao corpo psicomental, neste sobressaindo-se para um ou outro dos veículos de nossa alma; e mesmo à essência espiritual.

Tratando-se de um cultivo, de um aprendizado, como se disse, normalmente a cultura passa pela mente e pela emoção; ainda que de maneira vaga.

Fala-se, portanto, na cultura física, no conhecimento que se destina de maneira acentuada para o corpo visível estrutural; na qual não devemos, em momento algum, esquecer a nossa vitalidade, o cuidado com a rede *prânica*, para a qual se voltam diversificados ramos da cultura médica, sobressaindo-se a proposta da cura homeopática.

Nesse campo cultural inserem-se, dentre outras práticas, mormente as das ações físicas ou atléticas, as ações das iogas, com o intuito de energizar equilibradamente o praticante. Já se desempenha entre nós, no Ocidente, a cultura da ioga.

A ioga, significando pelo seu étimo "união, junção, ligação", pode ser praticada mais no físico (com exercícios de *asanas* e *mudras*, respectivamente atitudes com o corpo e com as mãos), em matérias integrativas da *hatha yoga*; ou, com a participação decisiva do conjunto mente-emoção, pela *raja yoga*.

Sempre que melhor adequamos nosso físico-vital às necessidades da nossa crescente evolução psicomental, obtemos maior conforto, maior disposição, melhores condições de desempenho no campo objetivo, concreto da vida. Uma mente que bem se conduz, acoplada a um corpo de bom desempenho, formam, é certo, um duo de melhores resultados, confirmando-se o refrão grego, embora em idioma latino: *mens sana in corpore sano*, mente sã em corpo sadio.

A cultura da alma implica, automaticamente, a educação, de *educere*, verbo do mesmo Latim, com o sentido de conduzir para fora, fazer sair, encaminhar. A boa e positiva cultura propicia, em outras palavras, a que as camadas mais elevadas da alma sejam concitadas ao desempenho, vindo à tona do educando, e com resultados concretos no desenvolvimento da vida. Daí a sintética e precisa frase de Henrique José de Souza: "A alma da educação está na educação da alma".

ANOTAÇÕES

Não basta, portanto, sabendo — como sabemos — que a alma é integrada pela mente e pela emoção, enfatizarmos maiormente o conhecimento intelectivo, aquele que pode saturar o pensamento; mas sim, e de forma equilibrada, dirigirmos o aprendiz para a conduta, e, além desta, despertar, para a boa adoção dessa conduta, suas sensações e sentimentos, que devem ser os mais dignos e elevados.

A educação da alma deve estar iluminada pelas vocações naturais de nossa essência deífica, a qual reside em nossa esfera espiritual.

Veja-se que o espírito, de onde todo o acerto provém, igualmente se beneficia da positiva, produtiva e evolutiva educação da alma. Pois novos matizes, adquiridos pelo contato inédito a cada passo com o campo material, serão finalmente acrescidos à proposta eterna da centelha. Tudo para a criação infinita de novos mundos.

Essa interação alma-espírito agasalha um insondável mistério.

Apenas desvendável à medida que a alma realmente aspire participar de um mundo imorredouro.

Dessa forma, a cultura jamais pode descuidar de todos esses ângulos integrados para o benefício do homem, que é, igualmente, integral.

Homem no qual não se desassociam seus três componentes: o **orgânico**, o **anímico**, o **intuicional universal**.

## "FAZER O BEM, SEM VER A QUEM"

Ditame e aconselhamento, mesmo, provenientes das correntes religiosas cristãs, merecem, de parte do homem que realmente quer contribuir para o esclarecimento da vida, alguns momentos de ponderação.

Em princípio, todos haveremos de concordar que a realização do Bem não pode ter condições ou fronteiras.

Contudo, conceder condições desse favorecimento ao próximo implica na constatação de duas circunstâncias: uma conceitual (o que é o Bem); outra, prática, contida na palavra "fazer".

O que é o Bem? Caso não esteja, eu, de posse segura do que seja o conteúdo dessa expressão, coloco absolutamente em risco a minha doação, o meu ato, a minha intervenção.

Sempre que sistematicamente comparo o Bem como o contrário do Mal, arrisco estar sitiado no entendimento apenas imediato, com o ranço de sobrepujar uma ou mais adversidades pelo mero comparativo da solidariedade e mesmo do pieguismo; o que muitas das vezes simplesmente compensa minhas viciosas e mal pensadas tramas interiores, para alcançar uma satisfação transitória e o apaziguamento enganoso da minha consciência periférica, por isso mesmo sujeita às inclinações de curso incompleto que me influenciaram e me influenciam devido à imaturidade das minhas concepções.

Como se diz, posso simplesmente estar "embarcando na corrente...".

É interessante notar que a palavra "pieguismo" provém do termo tupi "piagas", como seja, o oficiante dos rituais da tribo, o feiticeiro em suma. Logo, o lado religioso corriqueiro da comunidade, nome esse que passou à designação da atitude eivada de religiosidade — título este mal aplicado, que merece breve estudo.

Logo, este escolhido Bem pode ser apenas um diminuto e pseudo "bem", que ao fim mais contribui para prorrogar um momento ou um estado contra o qual o "favorecido" pode e deve reagir, que uma autêntica contribuição para o seu real melhoramento.

Sem maiores incursões teológicas ou filosóficas, pois o leitor terá notado o nosso propósito de tratar os diversificados temas com leveza e praticidade, a escolha do Bem, como Bem em si, apenas adquire significado quando eu, o doador, me empenho na aproximação do seu verdadeiro sentido.

Retomando o que foi afirmado acima, a singela contraposição ao oposto, o Mal, quase certamente me conduzirá a um entendimento falso. E, dessa forma, frustrador.

O itinerário mais produtivo estará em duvidar do próprio Bem, e buscar uma resposta na postura intermediária entre "combater" o Mal que se apresenta e "conceder" o Bem de possível doação.

ANOTAÇÕES

**139**

Quando me posto eqüidistante desses pólos, vejo, com o equilíbrio desejável, as conseqüências previsíveis que o Mal (quase sempre pseudomal) está provocando; como diviso, também, por extrapolações já calçadas na prudência, suas origens próximas e, se auxiliado pela intuição, até as mais distantes; ainda posso perceber o que restará provavelmente corrigido nesse caminho do meu exame.

Já o "bem" que quero praticar (talvez um pretenso bem) pode até mesmo ocasionar um retardo e um desvio, como um paliativo inócuo, na experienciação em curso naquele meu semelhante; um "bem" aplicado com esta conseqüência será um Bem em si? Certamente a resposta é negativa.

Tal ponderação contribui para o desenvolvimento de minha acuidade na direção ao espiritual; portanto, ao meu aperfeiçoamento. E inexiste aperfeiçoamento pessoal que deixe de contribuir para o crescimento positivo dos demais.

A melhor caridade (do *caritas* latino, amor, afeição, ternura) que podemos pôr em prática está na razão direta de contribuirmos para que o nosso semelhante melhor entenda o seu caminho no percurso da vida. Que há de ser uma existência plena de evolução, de transmutação, de valoração daquilo que completa, realmente, a personalidade humana.

Contribuição essa que propicie o enlevo a que ele, semelhante, procure encontrar os bons frutos do Conhecimento e do Amor, e que Os entronize no dia-a-dia de seu percurso.

Deduz-se, dessa forma, que o melhor Bem que podemos praticar, para nós mesmos antes de distribuirmos ao próximo, está em questionarmos prudente e progressivamente o que se considera "Bem".

Até que, ao fim desse processo indagativo consciente, não fiquemos apenas de posse do mero conceito; mas, passemos a **ser** um aliado do processo de ajuste desse majestoso e incompreensível metabolismo universal.

Para nós mesmos, enquanto nossos componentes passageiros; e para o *alter*, pois apenas com a expansão da nossa verdadeira Consciência, a espiritual, estaremos de fato cultivando o altruísmo.

# CONSCIÊNCIA E LUCIDEZ

Os diversificados campos do conhecimento têm se ocupado, com intensidade, da questão da "consciência".

O que é a consciência?

Utilizando-nos da chave interpretativa etimológica, aquela em que pesquisamos a gênese, a origem do termo, vemos que consciência provém do Latim, compondo-se de *cum*, preposição, mais *scientia*, substantivo. Em tradução livre, significando: "de posse do conhecimento".

Quem tem consciência está de posse de conhecimento. Sendo ele maior, extenso, uma consciência expandida; sendo ele pequeno, reduzido, uma consciência menor.

Sendo, a consciência, a identificação do conhecimento, o reduto do conhecimento, apenas podemos comumente identificá-la com o nosso trato mental; contudo, não conhecemos as coisas tão-só mentalmente, mas por todos os canais da percepção da vida, e dessa forma a consciência não se identifica com a mente.

Erramos, pois, quando pretendemos definir a consciência. Com otimismo, estaremos falando da mente, ainda que tais contornos sejam felizes. Definir é dizer exatamente o que uma coisa é.

E, sendo a consciência a possibilidade de conhecermos tudo o que para nós existe nos variadíssimos campos do que percebemos, veremos que incontáveis sensações não podem ser definidas.

Fazem, todavia, parte dessa consciência que vai ser incorporada na esfera dos nossos conhecimentos.

Dessa forma, a consciência não é passível de definição.

O conceito, que é uma aproximação da idéia, já está dado.

Como vimos, o mundo das idéias está antes e acima do mundo dos conceitos; estes são as idéias que "fazemos" dos fatos e das coisas, da nossa própria atuação criativa.

Todo esse conjunto compõe a consciência.

De que maneira, pois, dizer exatamente o que a consciência é? Exatidão faz parte da nossa mente, assim mesmo de um lado da nossa mente; o lado que se liga à materialidade de tudo.

ANOTAÇÕES

A consciência é anterior e está além disso.

Tão-só pela mente, mesmo a mais ampla e brilhante, não alcançamos a plenitude da consciência. Precisamos mais.

O mais que precisamos acha-se em nossa composição.

Ordinariamente não o percebemos.

Percebemo-nos concretamente como seres vivos; mais vagamente, como pessoas que pensamos e sentimos; e temos alguns poucos lampejos, que nos alentam, quando, acordados mas geralmente dormindo, "vemos" alegorias e símbolos construtivos e regeneradores de uma agradabilidade ímpar. Pois essas etapas ligam-se ao nosso corpo físico, à alma individual que está formada em nós, e ao plano do espírito, nessa ordem.

Daí termos uma consciência menor, quase insípida; outra, média; e, por fecho e ao mesmo tempo abertura, aquela que a tudo abarca, e que busca incessantemente o mais elevado estado.

A que tudo engloba quer, pela nossa autêntica vontade, que as outras a percebam e a ela cheguem, pois é assim que ela se faz presente no dia-a-dia.

Quando com ela sintonizamos e nos aplicamos nesse caminho possível, ela como que se expande. É dessa maneira que o conhecimento pode se tornar Conhecimento. Este último é Sabedoria. Sabedoria não erra. O erro está no mental dual. Sabedoria simplesmente "é". Indica como as coisas "são"; e não como as interpretamos ou queremos que sejam.

De diversos modos nos disse Henrique José de Souza que a posse da Sabedoria se confunde com a expansão da consciência.

Isso é crescer em direção do mundo espiritual, a Espiritualidade; ou, mais completamente, trazê-La para a vida.

Assim, quando estamos possuídos pelos raios desse Conhecimento maior, se faz luz, claridade sobre o que passamos a conhecer em derredor.

Nossa mente do corriqueiro vai gradativamente se iluminando. Como que nos esclarecendo de forma devida.

A sensação significativa que sentimos é a tranqüilidade. Uma espécie bem qualificada de paz. Estamos ficando esclarecidos.

Isto se traduz num estado de lucidez.

Passamos a ver as coisas como realmente são. Estabelecemos, dessa forma, como essas coisas estão próximas ou distantes daquela Idéia Maior, chamada Verdade.

Em termos práticos, entendemos melhor a vida.

Este é o grande resultado que nos interessa.

Nos dicionários, mesmo, lucidez é a qualidade do que é brilhante, esclarecedor. O que possui luz, portanto, objetivamente. O que ilumina, o que deixa ver.

Isso temos que alcançar e manter.

Apenas dessa maneira distinguiremos uma coisa de outra.

A chance da nossa escolha aumenta. E muito.

Com segurança, poderemos escolher a boa semente e tratá-la para que se torne uma árvore frondosa, de bons e generosos frutos.

Que mais poderemos almejar na vida prática?

## IDÉIAS PRÉ-FORMADAS

A existência do "mundo das idéias", da alegorização platônica, explica, por si só, que, aos firmarmos nossa consciência na matéria, já trazemos — de um modo longínquo e fugidio — um tipo de conhecimento que nos concede concepções sobre alguns elementos do plano físico.

Contudo, será mais útil, nesta passagem, mencionarmos que um sem-número dessas concepções, ao descerem daquele plano mais alto ao qual nos referimos no título anterior, e se revestirem de imagens para povoar nosso trato mental, sofrem a distorção natural decorrente da variedade hipotética proveniente das nossas cogitações ao intentar este e aquele conhecimento.

Essa "imaginação", atuação sobre as imagens, gera o que impropriamente qualificamos como "idéias pré-formadas", que melhor poderíamos chamar de "imagens pré-formadas", pois são os frutos de um entendimento que fazemos "daqui pra lá".

ANOTAÇÕES

Como foi visto, essas imagens povoam o mundo mental, com o qual ordinariamente estamos em contato.

E, auxiliando-nos a formar os conceitos que passamos a ter das coisas e dos fatos, implicam um conhecimento "emprestado", um entendimento que não é bem nosso, mas que adotamos para o nosso tirocínio e para a nossa atuação; um conceito pré-formado, formado antes mesmo de que sobre ele pensássemos. Logo, um pré-conceito, raiz dos "preconceitos".

Pois bem.

O preconceito, de um lado impede o conhecimento mais completo dos fatos e coisas; de outro, nos coloca involuntariamente na corrente muitas vezes perniciosa dessas imagens, entravando o sucesso evolutivo a que temos direito.

Devemos atentar para esta seqüência: a alma evolui quando se libera de formas rígidas e, não raro, radicais de "ver" o mundo variadíssimo da nossa vida; e caso sejamos detentores de diversos preconceitos que impedem a visão da realidade que decorre da Verdade, estaremos, certamente, escravizando o nosso acervo, o nosso contexto, aos valores imutavelmente menores. E, pois, prejudiciais ao nosso ingresso em um universo mais completo e de maior afinidade com os ideais superiores.

O conceito pré-formado pode habitar diversificadas áreas do nosso saber corriqueiro, tanto filosófico como religioso, histórico, social, econômico.

Quem se estriba em preconceitos que chegam a formar legiões de vórtices em um mesmo sentido, pode estar deixando de eleger um caminho próprio, e, portanto, de maior valor para a sua seqüência.

Não será demais relembrarmos que o renomado *dharma* indiano, no seu ângulo de "trajeto individual" conforme a Lei Justa e Perfeita, endereça cada um a cumprir com o seu caminho individual, ainda que de forma imperfeita; a atuar no perfazimento do caminho de outro, mesmo que com maior perfeição.

Portanto, rever periodicamente o conceito que está sendo adotado, para saber até que ponto temos uma participação considerável e autônoma nessa nossa compreensão, constitui um cuidado básico que não podemos negligenciar, sob risco de retardarmos e mesmo desnaturarmos a nossa evolução.

# *THEOS* E *CHAOS*

Durante séculos, e milênios mesmo, grassou a contraposição irreconciliável entre *Theos*, simplesmente denominado Deus, no sentido de "senhor do universo"; e *Chaos*, a inexatidão informe, que foi organizada por Deus para que surgissem os mundos.

Isso porque àquele, a Deus, era atribuído um poder transcendente, ou seja, ultrapassador da compreensão dos homens, que está além de qualquer concepção; e a este, *Chaos*, uma incompreensão absoluta e depreciativa, fonte que era da desordem, só administrável e controlável também pelo poder absoluto, embora igualmente ininteligível, mas sustentado pela fé.

Para traçar tais limites, obscuros para o seu entendimento, o homem deixava de ir além nas suas pesquisas; deixava de admitir a singeleza da vida universal; não observava ou não aceitava o princípio da evidência, que se cingia à regra física de que "a cada causa corresponde um efeito".

E, por essa fé, mais ameaçadora que real, não intentava ultrapassar sua compreensão corriqueira, sob pena de, com sua indagação, provocar as dolorosas penas de um mundo que certamente iria habitar após a sua morte.

Textos religiosos infirmavam essa relação "Deus-Caos", ditando que aquele, Deus, pôs ordem neste, Caos, no início das coisas produtivas; embora este, o Caos, tenha precedido aquele, Deus, e como partida das coisas improdutivas. No início era o Caos, a quem Deus determinou ordem.

Daí as sinonímias: Deus corresponde a ordem; Caos, a desordem.

Contudo, o entendimento além dos sentidos (dentre os quais se inclui a mente comum, para boa parte da filosofia do Oriente) nos propor-

ANOTAÇÕES                                                    **145** |

ciona a captação clara, a desaguar na boa filosofia, que aquela correlação era falha; e, mesmo, falsa.

Isso porque, pela Sabedoria Iniciática das Idades, já localizada neste trabalho, os mundos, na vertical, se reproduzem entre Causa-Lei-Efeito; essa criação se desdobra, por sua vez, na expansão horizontal, na extensão, na análoga equação aqui vertida: causa-lei-efeito.

Ou seja, um motivo, um ponto de partida, ocasiona uma conseqüência (efeito), obediente a uma base correlacionadora (lei ou regra) — e esse efeito poderá se tornar uma nova causa, seguindo-se o andamento.

Por que o homem apodou de caos ou desordem a essa visão? Simplesmente pela incompreensão. Por desconhecer as regras dos precedentes para gerar os conseqüentes. Ficou mais simples, mais fácil, mais cômodo, em vários casos, desqualificar como caos o que não era entendido, e, em diversificadas situações, o que não era conveniente.

Esses os fundamentos do desgaste e da depreciação pelos quais passou o termo "caos".

Hoje os estudos proporcionam a mudança, plena, dessa visão parcial e comprometida.

Embora a palavra possa continuar no sentido pejorativo e menor, não será o caso de entendermos o Caos como "acervo de conhecimentos".

Os limites do nosso modo de ver e inteligir as coisas até certo ponto impedem o conhecimento dos precedentes de um fato, acabando por gerar a incompreensão e mesmo o inconformismo, face aos conseqüentes.

Contudo, esses limites não podem invalidar ao menos o conceito de que tudo esteja "conforme as regras do que tenha provocado cada efeito", resultado de uma relação necessária.

Sim.

Os antecedentes, se conhecidos e entendidos, explicam os resultados.

Satisfatoriamente.

Será um notável avanço assim nos postarmos.

Utilizando, para tanto, e ao máximo, os limites do nosso próprio universo individual, composto com o que ultrapassa nossos seis sentidos conhecidos (audição, tato, visão, gustação, olfação, mente racional); substituindo, portanto, o nosso modo linear de abordar os conhecimentos pelo modelo "esférico", de 360° em todas as direções, logo, abrangente ao extremo e elucidador.

A ponto de afirmarmos que o Caos, como desordem e incompreensão, não existe.

Ele é apenas o efeito, o resultado de precedentes que desconhecemos; e, em alguns casos, que não aceitamos; que não nos convêm.

Um ciclone, um terremoto, a queda de um raio, apenas para mencionar alguns exemplos, podem ocasionar desordens, caóticas para a nossa visão, mas que segura e perfeitamente atenderam precedentes climáticos, geofísicos existentes, vários dos quais desconhecidos, mesmo, da sabença acadêmica. Mas nem por isso inexistentes ou malfazejos. E sim ocasionadores de um ou de outro evento.

Será básico, nos dias que correm, conviver com o significado da relação causa-efeito, muitas vezes traduzida pela expressão karma — aqui restringida na sua extensão — mas que ajusta, com exatidão, cada antecedente ao seu resultado, com a mensuração de todos os componentes de cada processamento. Que não chegamos a entender, e que, contudo, existem e justificam os desenlaces, aqui ou acolá.

O predomínio, e o reinado único da mente racional, estão depostos. O homem integral, que somos nós, está muito além dessa restrição. Utilíssima em tempos passados. Prejudicial, como conceito absolutista de ver as coisas nos dias que correm.

Em suma: o Caos não é, como nunca foi, o que disseram e que muitos, ainda hoje, insistem que seja.

Trata-se de um momento visível e constatador da natureza das coisas.

Uma vez captada e metabolizada pelo observador essa natureza, o Caos será, também, natural.

E compreensível, para os que caminham além da mente discursiva, integrados no novo momento do avanço humano.

# VERDADE

Vamos aqui focar como age a Verdade, a plenitude que se apresenta ao nosso espírito, na nossa vida exercitada, aquela que desempenhamos nesta dimensão em que nos encontramos.

Como afirmamos anteriormente, existe, na nossa centelha espiritual, a consciência completa. Nesta outra dimensão, temos o reino da completude; a consciência, aqui, é integral; conhece todas as coisas manifestadas, como sejam, aquelas que estão aquém do mundo da manifestação. Participa, pois, do plano da própria criação.

O desempenho de cada um, portanto, quando na dimensão em que nos encontramos, e de posse do conteúdo espiritual, é formular novas vivenciações; as quais, quando dignas do progresso evolutivo, passam a fazer parte da experiência universal, enriquecendo-a, para que possam ser acrescentadas nos futuros universos, em desenvolvimentos que possam evoluir mais e mais.

A consciência espiritual, portanto, é o farol com aquela luz inigualável, que nem sequer podemos imaginar, mas que, com esforço supremo, podemos admitir, e dela ter, mesmo, alguns vislumbres.

É dessa forma que a vasta área do espírito bafeja a matéria.

Pois bem.

Ensinam-nos os autênticos sábios de todos os tempos que a Verdade nunca aparece na plenitude em os mundos projetados na dimensão que nos encontramos.

Lao-Tsé nos dá o sentido de que "toda Verdade, quando entendida, é meia-verdade".

Ao mudarmos a grafia, passando do "V" para o "v" da palavra, quisemos identificar a passagem desse fenômeno.

Eis que, aqui, interfere a nossa interpretação.

Aqui entra a possibilidade da nossa visão particular.

Por maior boa vontade que tenhamos, a Verdade estará como a vemos e como a concepcionamos. Dessa forma, estando mergulhados, como estamos, num mundo de limitações, nossa visão sobre a Verdade é seguramente menor, restrita, limitada mesmo.

Quando a interpretamos, temos, por assim dizer, um "ponto de vista" sobre essa visão maior, mais ampla.

Isso acontece porque, para vivermos as experiências deste Trono múltiplo, de diversificação a mais aberta que o Plano Cósmico pôde emanar, deixamos de contemplar o mundo admitido como Paraíso, que Platão tão bem representou como o "mundo das idéias". Esse mundo, aqui, é real; daí o exato conceito de realidade, do *res, rei* latino, como coisa tangível pelos sentidos comuns.

Assim, mesmo quando temos o vislumbre daquele plano espiritual, e nos deparamos com a Verdade, intentamos transferi-la para o nosso dia-a-dia, e nesse caminho ela recebe as distorções de como a interpretamos, cercada que estará de nossas limitações intelectivas e mentais, e condimentada pelas conveniências de nossas sensações, pois aqui se desempenha o campo dos desejos, voltados estes para satisfazerem nossas variadas emoções.

Necessário se faz não confundirmos "vontade", que é o poder de nossa deliberação, com "desejo", atitude que nos leva a satisfazer uma emoção, ou uma gama de atrações sensórias.

A vontade, quando superior, num homem em evolução, contraria o próprio desejo. Desde que essa contrariedade seja própria para o crescimento do ser em direção ao espírito.

Homens pretensiosos, de pouca cautela, que intentaram aplicar sua visão da Verdade, apequenada pela interpretação que sobre a mesma deitaram, foram e são, no presente, os responsáveis por inúmeras conturbações e incontáveis fracassos — atuados com o falso título de "Verdade".

Por isso, mesmo quando Ela se nos apresenta, que tenhamos a humildade e a cautela de intentarmos vê-La nessa versão menor; mas, alentados pela claridade de seus raios, venhamos a descobrir o Caminho que ela nos concede.

Evitando, mormente enquanto inseguros dessa luminosidade, julgar os outros e as circunstâncias presentes pelo pseudonaipe de "intérpretes fidedignos da Verdade", visivelmente responsável por vários erros particulares, muitas vezes irradiados por nações e povos.

ANOTAÇÕES

Daí a importância das Revelações que nos fazem os seres superiores. Esses seres, nos seus ensinos, colocam outro véu sobre a Verdade; véu este, contudo, mais tênue, mais adequado a que Dela nos aproximemos.

A retirada do véu, todavia, é operosidade individual.

E deste nobre labor depende nosso crescimento para a Espiritualidade.

Que tenhamos, todos, a honra e o empenho de realizar esse especial desvelamento.

# MENTE MAIOR, MENTE MENOR

A excelência do ensinamento oculto, como por diversas vezes aconteceu, está guindando a ciência chamada de "oficial" (porque adotada comumente pela sociedade) a conclusões que surpreendem os tradicionalistas (aqueles que raciocinam apenas com uma parte da mente).

Com efeito, em especial as experiências dos estados agudos de pré-morte, têm trazido diversificadas constatações que não se enquadram nos cânones das interpretações corriqueiras. Pacientes que passam por essa situação, ao retornarem à consciência de vigília fazem relatos inusitados, revelando passagens por estados alterados que não encontram enquadramento nos textos da Medicina comum.

Aliás, um compêndio, por mais extenso que fosse, não teria a capacidade de albergar a gama diversificada de depoimentos.

Alguns poucos pontos comuns não justificariam uma interpretação simplista; que dizer de todos aqueles próprios de estados de consciência particularizados, pois cada um tem uma faixa especial de vivências?

Ao nascer, com a constatação do corpo físico-vital que está à sua disposição, o ser humano vai estabelecendo uma forma de "ver" as coisas, que se adequa à concreção do mundo manifestado. Dizemos que a consciência se "foca" no plano objetivo.

E, aos poucos, até a complementação do primeiro setênio de vida, vai gradativamente deixando o plano de sua proveniência, a ponto de ter uma vaga e quase sempre fugaz lembrança daquela situação anterior, chegando, em alguns casos, a duvidar mesmo da existência desse "outro mundo".

Podemos afirmar que o retorno e a admissão dessa memória passa pela responsabilidade, que é de cada um, de conhecer devidamente sua real estrutura.

Este é o autoconhecimento básico, sem o que tudo o mais, mesmo que admitido, comporá uma mixagem conflituosa de colocações.

Dentre os passos para essa compreensão cabe explicar a posição exata do plano mental, responsável direto para a consciência do "existir" que cada um tem de si próprio.

Cérebro e mente não são uma e a mesma coisa.

A mente de cada um de nós provém da particularização de um espaço mental amplo, universal mesmo.

E esta mente isolada se fixa, no homem, especialmente na matéria orgânica diferenciada que a ciência denominou "cérebro", e, por desconhecer essa parte do fenômeno, chegou à errônea conclusão de que "o homem sem cérebro não pensa". Pois o homem, mesmo lesado ou privado de uma ou várias funções que são operacionalizadas pelo cérebro, pensa sim — contudo, está privado de traduzir, por esse mesmo cérebro, o resultado de tais pensamentos; mas, ele o faz por todas as demais células do seu corpo, sem percepções mentais concludentes, pois que essas outras células não constituem um reduto preparado e conformado para tais fins.

Concluímos, dessa forma, que mente e físico se entremeiam; contudo, não se confundem; não se identificam a ponto de se confundirem.

Mais: sendo, a mente, a passagem natural de um estado de percepção para outro estado de percepção, enquanto o homem está dualizado essa mente vive igualmente dois estados aparentemente diferenciados de constatações.

Daí ser próprio falarmos em "mente menor", para o estado circunscrito e limitado dessas constatações; e "mente maior", para o estado de ampliação incomensurável que encontramos do outro lado, que é o da nossa proveniência.

Acima afirmamos que os "dois" estados são aparentes. A aparência é a marca do mundo que nos cerca, onde estamos mergulhados em consciência, e, dessa forma, a impressão que temos é a da separatividade, como se tivéssemos de tomar uma decisão, uma determinação e mesmo uma providência para "passar" de "uma" para "outra" mente.

Não é assim que acontece.

Essas duas faces, de um processo só, são reversíveis e concomitantes.

Apenas que insistimos enormemente em estar numa delas, e pouco nos damos conta de estarmos, por outras vezes, na outra face. Essa diferenciação é que devemos trazer para a nossa vigilância, e nos será de fundamental proveito.

Apenas a passagem aberta e permanente, mesmo, da mente menor para a mente maior, é que nos possibilitará participar do progresso evolucional da humanidade. Mais que isso: nos tornará vanguardeiros desse escancaramento, tão vital para o crescimento humano em direção ao superior.

Está iniciada a era da abstração.

Como atributo identificador da mente maior.

# AUTOJUSTIÇA

Vamos dizer algumas coisas a respeito da importância de que, cada um, seja "justo consigo".

Somos comumente pressionados (pelos nossos próprios hábitos e formulações do passado, recente ou remoto; e pelos conceitos mal formados dos semelhantes que nos cercam) para que a maior ocupação, nossa, seja aquela de distribuir a melhor justiça para os outros, não os prejudicando "de forma alguma".

E nós, como ficamos nesse torvelinho? Estamos nos concedendo o que é justo?

Mesmo o conceito cristão, desse ideal distributivo, é mal analisado, e forçadamente praticado pela maioria do clero dessa corrente religiosa. Pois o mandamento adotado pelo "doce Rabi", buscado da lei mosaica, determina que o "amor ao próximo" deve equivaler àquele "a si mesmo". Nem mais; nem menos.

Pois alerto o leitor, e isto o faço no alto de minha condição de sexagenário, que todas as nossas auto-injustiças estão sendo analisadas pelo nosso "ser interior" ao longo da vida; e, tempo haverá do acerto desses descaminhos, com a manifestação de uma autocobrança, que poderá estar revestida de diversificados naipes, nem sempre reconhecidos de pronto.

Feliz daquele que consegue alcançar a identificação desse magno acontecimento em sua existência.

Mais feliz, ainda, o que consegue desempenhar passos para o reequilíbrio da distorção a si próprio revelada.

No curso dos dias em vigília, o homem de inteligência desperta sabe muito bem que a lei do "talião" não se aplica. Como é impróprio o "olho por olho, dente por dente", da mesma forma a correção de uma injustiça, praticada contra si próprio, não está em "desfazer" ou contrafazer a prática consumada.

Assim como uma linha respeitada da medicina oficial aponta a restauração da saúde via alguma forma de "compensação", o conserto de uma injustiça autoconsumada poderá ser encontrado no ajuste, também inteligente, de uma outra situação que possa ser de pronto reparada: ajuste esse no qual colocamos, no momento, a maior parte da carga emocional pendente a nos perturbar.

Dessa forma procedendo, é possível que nos sintamos reconfortados, "compensados" enfim.

E essa marca de nossa alma se desvanece, esmaece, encaminha-se para o desfazimento.

Isso ocasiona o fortalecimento anímico.

No decurso de um processo longo e aplicado, no qual se imbricam diversos fatores, muitos dos quais tratados neste livro, a alma de cada um tem de restar **forte**.

ANOTAÇÕES

Não aquela força à qual estamos acostumados na faixa da concretude: e, sim, a força de uma inteireza, de uma plenitude experiencial, da qual saímos acrescidos de bem-estar.

Para reconhecer, essa alma, o que lhe está acima: o espírito individualizado para si, seu mentor maior, seu inspirador imediato, o fluxo do alto que a valoriza; o condutor, pleno, daquele que haverá de ser o seu sucesso.

Portanto, praticar a justiça, em todas as direções, e, inclusive, na autodireção, constitui mais um dos elementos-chave que precisamos identificar.

Que o façamos o quanto antes em nossas vidas.

# O CAMINHO QUÂNTICO

Expondo a realidade, como sói acontecer com o êxito de algumas sérias investigações da Ciência, a teoria quântica não é uma descoberta. E sim uma desvelação.

A natureza se põe à mostra.

Passo, como esse, apenas é possível e realizável quando a condição humana de alguns começa a ser embasada pelo conhecimento maior, mais amplo, mais completo; e, por isso, superior.

O surto evolutivo prepara, gradativamente cada vez mais, os homens inseridos na torrente da Sabedoria para o despertar desse dom espiritual.

Não foi de maneira diversa a essa que Max Planck, nos fins do século retrasado, o século XIX, detectou, em suas pesquisas, o assim dito "fenômeno quântico". Detectou-o e, é certo, admitiu-o, na gradação benfazeja de sua consciência de vigília; a ponto de descrevê-lo. Veja-se: era o momento do avanço mental, quiçá improvável em tempos mais idos.

Pois bem.

A doutrina quântica atravessou todo o século passado, o XX, acrescentada por outros luminares.

E aberta à compreensão das comunidades, não apenas à científica; mormente às sociológica e filosófica.

Além do excepcional Albert Einstein, nomes que não podem ser omitidos são o do norueguês Niels Bohr e do germânico Werner Heisenberg, não só cientistas, mas igualmente sábios, na terminologia humana do termo, eis que expressaram suas vidas muito além da ciência comprobatória, aproximando tessituras valiosas da condição humana.

Heisenberg inclusive incursionou pela filosofia política.

Hoje, é adotada, com sucesso expositivo na área médica, despontando o norte-americano Deepack Chopra, que conecta a possibilidade de seu acontecimento, com a própria cura de pacientes de que ele cuida.

O entendimento do fato quântico pode ser simplificado para o leigo, sem prejuízo do seu conteúdo.

Desde o anúncio de Planck, que revela ter descoberto a existência de "pacotes" de energia, comportando-se, ora como "onda", ora como "luz", evoluiu a captação do fenômeno natural. Hoje entendido como "a mutação orbital de partículas que circundam o núcleo da estrutura atômica dos elementos".

Indagações, contudo, persistem.

Maiormente sobre as causas que provocam essas mudanças de órbitas, a ponto de algumas partículas não serem mais divisadas dentro da estrutura do átomo.

Na realidade, a desvelação ocasionou uma mudança aguda na proposta da ciência Física: dentre os acontecimentos da natureza, constatados por esse ramo do conhecimento, em que a relação sempre houvera sido "se A é, B é", como seja, a ocorrência necessária e inexorável entre a causa e o efeito ("A" como causa, "B" como efeito), passou-se à equação meramente humana "se A é, B deve ser" — ou seja, mantidos os fatores, ocorrente uma causa ("A"), o efeito ("B") poderá ser o esperado, ou não, devido à intervenção da atitude do agente, que poderá mudar pelos seus impulsos ou vontade.

Aqui, na passagem para o que era próprio da relação humana, as pesquisas prosseguem.

# ANOTAÇÕES

Uma vez que o processo duvidoso está vislumbrado também na natureza.

A atitude humana, ao menos em princípio, não está presente na fenomenologia da natureza. Ou está?

Admite-se, nos dias que correm, que o desenvolvimento do fenômeno encontrado na natureza depende diretamente do observador, que interfere, pela sua presença, na ocorrência do mesmo.

Segundo o entendimento quântico, a decorrência da causa fenomênica passa do **possível** para o **provável**.

O efeito encaixa-se numa probabilidade; e não numa certeza.

Essa probabilidade se expande, espraia-se.

Cabe, igualmente, correlacionarmos o "desaparecimento" das partículas com as possibilidades — múltiplas — de dimensões inacessíveis à condição meramente humana: que podem encontrar, aí, uma explicação.

Logo, a ciência Física está reptada no seu alicerce.

Tudo conduzindo a entrevermos a instalação de uma nova ciência, na comunidade humana, a qual não refugirá à base eubiótica, pois esta interliga todas as ocorrências, expondo que "vida", "natureza" e "universo" sucumbem às artificiais classificações puramente mentais e cerebrinas, pois são **uma** e **mesma coisa**; nos moldes que corpo físico, alma e espírito no homem compõem e integram uma unidade, um uníssono.

Ciência essa, pois, que não se dividirá: observando, compartilhadamente o homem e a natureza, um só fenômeno, um só campo de acontecimentos.

A resistência está na viciada atitude mental, em dividir para entender.

Que está sendo superada, para o bem coletivo.

Em suma, vê-se que, pelo itinerário do quantismo, modifica-se a abordagem; ciência e sociologia — o fenômeno humano em comunidade — se mesclam; filosofia e ciência se identificam.

O acervo advém com o progresso da passagem do nível mental; o homem perderá a postura da radicalização, de procurar o acerto em um dos extremos. O que será possível quando admitir a probabilidade de que os conceitos válidos para a evolução não são aqueles obtidos nos pólos opostos de quaisquer equações, e sim os que permitem o convívio de todos os componentes do fato, reinando uma idéia síntese conciliadora.

# PENSAMENTO LINEAR, PENSAMENTO ESFÉRICO

Enquanto estivermos agrilhoados ao sistema pouco pensado da vida, que nos imprime um alinhamento de como nos desvencilhar das coisas, resolvendo as equações por posturas omissas quanto às soluções, e distributivas quanto às ações — como seja, adiamos as escolhas e nossos comportamentos sobre o que acontece; e passamos, para os outros, as responsabilidades dos fatos nocivos, ou as providências que nos incumbem — estaremos alimentando o que chamamos de "pensamento linear".

Providências contrárias a essas, com aquisição gradativa da consciência da universalidade do mundo, propendem ao desenvolvimento de uma maneira diferente de entender e formular, à qual chamamos de "pensamento esférico".

A primeira maneira de pensar está em linha. A outra, em circunferência.

Elucidemos o que é uma e o que é outra.

Estas idéias se aproximam da colocação atual da ciência técnica que nos fala nos procedimentos informáticos "em linha" e "sistêmico".

No procedimento "em linha", ocorre a dependência; as respostas se encadeiam — cada uma depende da anterior.

No "sistêmico", há cruzamento de dados, e são possibilitadas respostas que decorrem desse entrelaçamento.

Hoje sabemos e convivemos com o ensino de que os alongamentos das células nervosas de nosso cérebro, assim chamadas "dendritos", comunicam-se entre si sem se tocarem, por impulsos que eletricamente atravessam uma área intermediária, sendo que tais "contatos" (através dos quais brotam a compreensão e a criatividade) a nomenclatura científica denomina "sinapses".

Claro está, pelo visto até agora, que as imagens bem como as idéias não se formam no cérebro, e sim no nosso corpo mental, que nos circunda, e que tem nele, cérebro, o apoio próprio, central.

ANOTAÇÕES

Os acidentes e as lesões nesse órgão físico dificultam ou mesmo impedem a utilização desse suporte; mas, enquanto em vida, o ser humano prossegue, apesar disso, a formular pensamentos, que, carentes desse apoio, se desvanecem, não confluem.

Outras e diversificadas áreas do corpo, contudo, têm sua memória, e, se idôneas, sadias, podem suprir, mais ou menos, essa interrupção acontecida.

Detemos, nós, que deliberadamente queremos evoluir, a responsabilidade de ampliar infinitamente a quantidade dessas sinapses.

E, ao tempo, transmutá-las de sinapses anímico-fisiológicas em sinapses anímico-espirituais.

Esta é a base correta da propalada criatividade.

Novas formulações. Transcendentes formulações.

No pensamento adstrito à linha, ao encadeamento, ocorre a dependência, a submissão de uma formulação a outra; aquela acontece apenas porque esta subsiste. O "campo" é fechado, previsível, pobre. O óbvio, quando não se repete, acaba obstruindo o entusiasmo, a proposta do progresso. Aqui acontecem, amiúde, os preconceitos, que são, dessa forma, adequadamente alimentados. Eu, quando assim insisto em pensar, cerco a minha expansão, me acomodo. Dessa forma, submeto-me mais facilmente ao pensamento geral, emprestado.

De forma bastante involuntária, ou menos voluntária, todos nós compomos parte ponderável desse tipo de procedimento.

Já no pensamento esférico, desempenho pontos de minha irresignação, do meu inconformismo, não estou "conforme", de acordo, passivo.

Provoco interagentemente o meu corpo mental e o meu cérebro, base daquele.

Persigo renovadas formulações.

Movimento novas imagens, ou diferentemente as imagens que já tenho. Trata-se de um empenho: afasto a acomodação, a letargia.

Atuo com a minha vontade, fazendo-a distinta da enorme maioria que a pratica sem criatividade. Elevo-a. Dignifico-a.

Esta é a maneira apropriada de buscar o entendimento da matéria teosófica. De criar condições para praticar a Eubiose.

Na minha postura, em linha, sou comandado.

Quando formulo, estou na rota de ser comandante.

Apenas que, ao experimentar a excelência de um novo estado, em concomitância brota, no meu ser, a compreensão mais completa da nocividade da inconsciência.

E a rebeldia de seguir, só, essa nova e esplendorosa vereda: a da libertação.

Que possamos, estimado leitor, dizer, em uníssono, embora cada um para si mesmo:

"Cresce o meu empenho, quase denodo, em mostrar aos outros essa fonte inesgotável de inéditos sucessos.

E o meu empenho nessa demonstração provoca novos crescimentos meus.

Dessa forma, não há final.

Apenas seqüências.

Benfazejas."

## *SOMA* E SENSIBILIDADE

O termo *soma*, de fonte sânscrita, como o são inúmeras palavras da filosofia indiana de vida, corresponde ao que se entende por "corpo denso", o corpo visível, aquele com o qual guardamos o mais intenso contato em nossa vida de vigília, a que naturalmente desempenhamos quando acordados.

A sensibilidade podemos constatar quando ultrapassamos os limites normais das ações dos nossos sentidos; ela, sensibilidade, se faz presente quando ouvimos, e com diferenciações, além e diversamente do que os sons físicos propagam; quando sentimos mais intensamente os contatos com o nosso físico; quando vemos, embora fugazmente, mais que nossos olhos orgânicos abarcam; quando nossa gustação aponta diferen-

ANOTAÇÕES

tes paladares onde outros interpretam de forma corriqueira aquilo que estão provando; e, se nosso olfato capta aromas, e no geral perfumes, que apenas nós, na circunstância que se arma, conseguimos detectar.

Aliás, a sensibilidade que queremos abordar vai além dessas percepções sensórias. Em palavras mais precisas, a real sensibilidade que nos interessa aciona sentidos ainda adormecidos no homem, e não classificados pelos estudos oficiais, embora ocorrentes em inúmeras passagens e acontecimentos.

Apenas para exemplificar e levantar ligeiramente esse véu, a premonição, que é "perceber antes" o acontecimento que se dará nos efeitos psíquicos e físicos, não é setorizada pela ciência em nenhum dos naipes sensórios conhecidos, embora admitida como fato.

Pois bem.

Queremos deixar claro, neste título, que a correlação entre o corpo denso e a sensibilidade por nós aludida, seja esta **restrita**, quando simplesmente ultrapassa o limite do sentido ordinário; ou seja, **ampla**, ao acionar sentidos ainda não devidamente constatados, é uma correlação sobremaneira estreita, estrita mesmo, e altamente sugestiva de conclusões.

Da mesma maneira que não faz sentido idealizarmos uma sensibilidade que não possa se expressar, o que somente pode acontecer desde que exista um receptáculo até mesmo para a sua constatação, que é o físico; este, físico, há de ser a fonte, a razão de ser, e o alimento, mesmo, desse despertar sensório.

Afirmamos que a "presença" física é a responsável pela conotação, pela ligação, pelo elo "com", "em" e "para" essa propalada faculdade, que se apresentam mais em alguns que em outros.

Fique claro que a permeabilidade da alma também não encerra, necessariamente, a comprovação de evolução espiritual.

Incontáveis reações chamadas "extra-sensoriais" denotam, apenas, canais mais ou menos abertos de percepções, decorrentes de práticas de magia, nesta ou em vidas anteriores, carregadas como um fardo por diversas etapas da existência, que mais merecem um reacerto que um "desenvolvimento" — desenvoltura essa que, se atabalhoada, ampliará esse peso, com prejuízos maiores para tal alma desencontrada.

A escolha da magia é definitiva para o êxito evolutivo.

Caso seja uma magia evocatória de elementos que devem "servir" à cupidez de conquistas, de vantagens e entendimentos menores, o reforço e a empolgação podem piorar o quadro que deveria ser reparado, empolgação essa muitas vezes endossada e alimentada por "consultores" que querem resolver seus problemas em "passes de mágica", com esforço mínimo e sem modificações impositivas nas suas pobres condições de vida.

Tornando ao fio da exposição, o testemunho (estar com o físico presente) é fundamental para a manifestação daquilo que é captado pelos sentidos. É básico para a constatação. É "onde" reside a prova do extraordinário.

Daí os grandes místicos sempre enfatizarem a necessidade da "presença física" para os efeitos, às vezes convenientes (no melhor sentido do termo), portanto, benfazejos à seqüência humana de melhoramento da vida.

O que justifica suas movimentações por cidades e regiões, como historicamente fizeram Krishna, Gautama como Buddha, Jesus o Cristo, Maomé e outros iluminados.

Logo, e em resumo: o acontecimento à distância é apenas faculdade de seres superiores, extraordinários; para aqueles em evolução, os caminhos, os elos através dos quais as percepções mais agudas e diferenciadas se apresentam, exigem o físico constatador, e, ao mesmo tempo, informador do testemunho do efeito acolhido.

Que passa a ser o estimulador de novas sensibilidades, num itinerário significativo para os passos evolutivos.

# CERTO, ERRADO; BEM, MAL

Os grandes embates, ao menos para nós, ocidentais, reside nas posições de nossas vidas, com as classificações de nossos atos e sentimentos.

Pode-se dizer que, excepcionando-se os privilegiados, aquilo que pensamos e praticamos está quase sempre nos extremos; de um lado, o "certo", de outro o "errado"; numa ponta, o "bem", e na outra o "mal".

Essas classificações ocasionam um impressionante desastre basicamente em duas culturas: a **social** e a **religiosa**.

Tal infeliz desenlace efetivamente criva nossas iniciativas em pólos opostos. Como se tal fosse correntemente possível.

E marca, aqui e acolá, nosso itinerário mental; força desvios em nossos sentimentos mais puros e proveitosos; e nos deixa perturbados, alterados, e, mesmo, atônitos.

Que fazer?

Utilizemos nossa capacidade de compreensão para bem entendermos o que se passa.

Primeiramente, procuremos penetrar nesta idéia: nada do que se passa neste mundo de efeitos é, na totalidade, uma só coisa.

Rememoremos que Lao-Tsé, o maior dos sábios chineses dos tempos conhecidos, nos apontou que qualquer Verdade, ao ser interpretada, torna-se desde logo uma "meia-verdade".

Não sem razão o brocardo popular aponta: "não há mal que dure sempre, e nem bem que nunca se acabe".

Lao-Tsé mesmo, naqueles vetustos tempos, nos legou o símbolo do "Tao" (caminho) como integrado por uma esfera (e o conhecimento superior é esférico) contendo no interior duas meias-esferas, uma branca (Yin) contendo dentro de si um princípio preto, igualmente esférico (Yang); e, ao reverso, uma meia-esfera preta (Yang) albergando no seu interior uma menor esfera branca (Yin).

Qual a interpretação que cabe?

Está evidente:

O Bem não é absoluto; nem o Mal o é.

O Certo não é total; como não o é o Errado.

Devemos trazer isto para a vida.

E ampliarmos nossa compreensão admitindo que, se nos planos elevados tudo é Justo (causas e efeitos em harmonia perfeita, pelo que não podemos visualizar pólos), o mesmo não acontece na manifestação, que percebe apenas parcialmente a Harmonia desses planos.

E interpreta essa Harmonia.

A cultura da personalidade, mormente no meio social, procura trazer para si a comodidade nos pensamentos e nas ações, que dessa forma passam a servir interesses. Estes, os mais variados, e sempre buscando justificar este e aquele ato. Nesse contexto de relacionamentos, alguns se consideram possuidores da solução verdadeira. Que está, diga-se, distante dessas propostas mal iluminadas. E se postam como detentores maiores dessas soluções, colocando, no pólo oposto, os que não as aceitam.

As religiões positivas, por sua vez, para trazer pessoas fiéis às suas pregações voltadas para o reduto de um deus — seja que nome tenha — não raro ameaçam-nas com as penas do desconhecido; onde se movimenta um "portentoso oposto", a atraí-las e desviá-las do "caminho correto". Nada mais enganoso, pois impedem-nas de melhor conhecer a vida e o mundo, lesando, criminosamente, suas evoluções.

As idéias, únicas realidades que antecedem este mundo de resultados, tornam-se lendas proveitosas; engodos; fantasias que contêm, estas sim, traços infernais.

O bom filósofo esotérico combate toda e qualquer forma que mantenha o povo na barbárie... hoje, até mesmo bem comportada, pelos falsos cânones que lhes foram argutamente infiltrados.

Solução: cada um se aproximar sistemática e respeitosamente de uma Grandeza; esta é Sublime. E está no princípio imparcial, que nós, em nossos meios, qualificamos como Lei. Esta é Justa. E Perfeita.

Como fazer isso?

Conhecendo-se mais e mais, e adequando-se aos princípios do conhecimento mais completo que se abre. Ou seja, no homem, cultivar a inteligência. Esta, quando desperta, não se perde na descritiva — pró-

ANOTAÇÕES **163** |

pria do mental, que é um subaspecto seu; e nem na emoção, integrada pelas sensações próprias dos sentidos incompletos que temos — o outro subaspecto da inteligência.

Por serem subaspectos, estão em conotação direta com esse aspecto que os origina, e têm, em decorrência, a possibilidade de com ele interceder. A inteligência, com efeito, fiel ao seu étimo,[*] "lê entre as linhas" mentais e sentimentais. E, estejam certos, não se equivoca. Estando, sim, ao nosso alcance.

Conseqüência: pouco a pouco acontece uma transmutação, uma "mudança em andamento", e o que desserve ao nosso trato vai se transformando (uma "forma" alegórica em modificação, é certo) em pensamentos e comportamentos que, aí sim, servem à nossa dignidade hierárquica de seres humanos.

Passamos, dessa maneira, a caminhar com a corrente evolutiva.

E enxergar outros "certos" e outros "errados"; outros "bens" e outros "males", afastando-nos das correntes culturais e confessionais que resistem a novas ópticas, estando fadadas a ficar para trás.

Alcançamos, assim, um novo e crescente equilíbrio.

Com este, aprendemos mais generosamente a participar do mundo, não sem algumas dificuldades no itinerário.

Mas que valem para ampliar e inclusive expandir nossa real consciência.

Dúvida: vale a pena?

Quem melhor responde é o poeta, na sua memorável passagem:

"Sempre vale a pena.

Se a alma não é pequena."

Valem, sim, a pena (a escrita); e o empenho, como expressão "valer a pena".

Nossa boa memória a Fernando Pessoa.

---

[*] De *"interlegere"* do Latim: *"legere"*, verbo, é ler, decifrar, constatar; *"inter"*, preposição, entre; no meio de.

# O KARMA E O *DHARMA*

Certas palavras fixam-se, na língua e na memória das pessoas, dentro de determinada grafia.

A grafia compõe a imagem mental.

Quando modificada a escrita, todo o contexto de considerações daquele termo — muitas das quais enriquecedoras — se reduzem. É como se a expressão passada pela palavra sofresse um desnaturamento, um enfraquecimento.

Ocorre um "esquecimento", prejudicial à incursão, mesma, que a palavra tem de fazer para passar sua real concepção a um novo conhecedor.

Neste ponto a Tradição (que é o acervo do bom conhecimento que se perfez com o tempo, e de parte dos melhores e mais sérios pensadores) empresta sua inestimável colaboração.

Assim justificados, vamos manter a grafia original: karma.

Costumeiramente, ao aparecer a expressão "karma", modificada para nosso vernáculo (agora em trato de reposição)[*] pela omissão da letra "k" (de notável elucidação esotérica) para "carma", no espírito comum das pessoas brota o senso de que essa palavra é típica da corrente religiosa do Espiritismo.

O que afronta a sua origem, pois essa palavra, muito anterior ao movimento deflagrado por Alan Kardec em meados do século XIX, é de fonte sânscrita, adotada desde o hinduísmo, que compôs a crença indiana há vetusto tempo.

Provavelmente devido a essa imprópria correlação, e pela incidência que a corrente do Karma provoca, o mal informado conhecedor correlaciona-o com "castigo", "pena", "sofrimento".

Impõe-se a modificação desse sentido, a bem de entendermos com acerto o seu significado.

---

[*] A letra "k", juntamente com as letras "y" e "w", estão em vias de retornar à composição do alfabeto, por um tratado entre os países de língua portuguesa — 2005.

ANOTAÇÕES

Nas fontes da filosofia da velha Índia vamos encontrar o real sentido dessa expressão.

Traduz-se o Karma como "**ação**".

Com efeito, a dinâmica é a mais visível constatação de sua incidência.

O Karma é, em verdade, uma **lei**.

Sendo uma lei, ele implica mediar uma correlação de causa e efeito. Uma origem e sua conseqüência. Um motivo e seu resultado.

E ele, Karma, é uma **lei justa**.

"Justo" é o que faz um acerto com perfeição. Sem sobras. Sem erro. Nem mais, nem menos. No caso do Karma, com uma perfeição absoluta. Acima, portanto, do plano visível. Anterior, na criação, a esse plano. Portanto, no mundo ideal, no mundo das idéias, onde reside a Verdade.

Melhor será dizermos que o Karma perfaz um **ajuste** entre antecedentes e conseqüentes.

Adequa, com perfeição absoluta, um efeito à sua causa.

Constitui-se, portanto, num fator de equilíbrio. Trata-se de uma Justiça superior, diferente daquela que aplicamos neste mundo. Uma Justiça que bem e completamente conhece, não apenas os atos externos, mas também as atitudes íntimas de cada um: o que procura atingir com suas palavras, quais os reais pensamentos e sentimentos que nortearam suas ações.

Além: o Karma implica uma Justiça que considera o grau evolutivo do homem analisado, como seja, o que ele conseguiu realizar como compreensão da Verdade e da vida, na razão direta de seu tirocínio e de sua predisposição emocional; e, em função do acesso que o mesmo teve, ou não, ao conhecimento doado ao surto do seu momento evolucional.

Portanto, o Karma é, acima de tudo, um ajuste.

Mais que isso: um **ajuste evolucional**.

Para esclarecer o homem de sua participação, como ser criativo e ativo, dos passos da transformação do seu tempo.

E no sentido de integrar positivamente esse tempo, dessa forma colaborando consigo mesmo, e com os demais, na diretriz da expansão das consciências individuais.

Logo, o Karma é a ação viva e integrada para promover o ajuste, individual e coletivo, a fim de que cada um participe consciente e coerentemente para o progresso evolutivo em seu interregno chamado "vida".

O mínimo que poderemos fazer, para esse magno conceito de Justiça: sermos **justos** na compreensão do Karma.

Sem peias, sem amarras, sem temores.

Atribuindo, ao conceito que sobre ele fazemos, o equilíbrio de nosso entendimento.

Com o que facilitaremos a sua ação.

Quanto a nós próprios. E quanto aos outros.

Por que adotamos, para nosso entendimento, alguns termos no seu escrito de origem, e não o traduzimos desde logo?

Porque algumas palavras não têm o sentido correspondente.

Quando muito esclarecem parcialmente aquela outra traduzida, o que reduz, certamente, a compreensão.

É o caso da expressão *"Dharma"*, bastante comum nos fastos histórico-religiosos da velha Índia.

Para o melhor entendimento do título seguinte de nossos estudos, "Dharma" significará singelamente LEI.

Contudo, agora, para este breve, e, em alguns casos, primeiro contato, vamos esparramar o sentido do *DHARMA*, visando uma assimilação de sua abrangência.

Um dos significados do *DHARMA* é a "divina ordem moral".

Porque, o hinduísta, ele concepciona que o *DHARMA* existe como um processo global; mas, que se individualiza em cada um.

Atingir o entendimento do *DHARMA* é o maior alcance que um praticante do hinduísmo pode atingir na sua vida.

É o entendimento máximo de como se comportar na vida individual e social, por ser a própria cristalização da lei maior, ou divina, na Terra.

A "divina ordem" das coisas informa, como princípio, a atuação moral, vertido, tal regramento, em termos práticos.

Tal significado é encontrado num período bastante primitivo: a divisão das classes sociais em castas obedecia a um princípio puramente ligado ao *DHARMA* porque o nascimento na Índia, seja como "*brahmane*", ou como "*kshatrya*", ou "*vayshia*", ou "*sudra*", apenas ocorria visto que a essência estava atenta, cumprindo um dever do princípio universal que

# ANOTAÇÕES

rege todas as coisas, ou "*Dharmas*". Dessa forma, a essência maior era vista individualizada.

De tal sorte, quem nascia numa das quatro castas é porque tinha uma responsabilidade e um dever dentro daquela casta.

Era assim que o oriental hinduísta concebia o "*Dharma*".

Nessa vertente, o *Dharma* é uma "filosofia do dever".

Notar que entre "dever" e "obrigação" existe uma distância: o dever é uma eleição consciente de algo a se fazer, do que se possa fazer; então, o dever é um ato em que o espírito ilumina, pela vontade, o processo da alma. Já a obrigação é um momento em que faço alguma coisa embora não convencido dela; porque tenho que fazer, estou pressionado para fazer, ou mesmo, constrangido em fazer. O dever é uma eleição em que a consciência atua em processo amplificado, de maior realização.

Portanto, nas castas da Índia (pelo menos o histórico isso nos mostra), cada um cumpria com a sua responsabilidade, porque estava adstrito àquelas proporções desde o momento do nascimento; e só nascia ali porque o seu "*dharma* individual" fazia com que isso acontecesse.

Sendo o "Dharma", no seu conteúdo, a "divina ordem moral", expressa, ele, a "verdade suprema", que pela ligação inextrincável entre o homem e a Essência Maior — como assim entendem os indianos em geral — se traduz na atuação individual em fiel cumprimento dessa lei irrebatível.

No *Bhâgavâd Gîtâ*, ou "A Sublime Canção", um episódio do grande poema hindu *Mahabhâratâ*, "A Grande Índia", encontramos que "é mais importante e mais certo cumprir com o próprio '*dharma*', ainda que imperfeitamente, do que cumprir o '*dharma*' do próximo, ainda que com alguma perfeição".

Trata-se de um princípio extremamente solene e profundo da filosofia hinduísta. Impulsionando cada um a que pense e medite sobre a importância de cumprir com a sua responsabilidade e com seu dever; abdicando da idéia de auxiliar praticamente o próximo, caso isto signifique o abandono do seu caminho traçado.

Em termos atuais, por esse regramento o homem apenas deve colaborar com o próximo, na trilha deste, se estiver executando o seu destino, na plenitude do que este aponta.

É importante completarmos a idéia sobre o "*Dharma*" como o mais real "sentido da vida prática".

Se assimilo, pela compreensão do meu ser, qual seja a "divina ordem", aquela colocada pelo Criador, estarei cumprindo um dever moral; expressão prática da lei no plano manifestado, e do mais apropriado costume.

Para ilustrar, o "*Dharma*", para o hindu, engloba: o comportamento no lar, a alimentação, as orações do dia, o senso de justiça, a imparcialidade, as perfeições que o homem pode atingir. Ele é de tal sorte amplo, que se lermos capítulos do *Manava Dharmasastra*, o "Código das Leis de Manu", constataremos que esse texto oriental atesta ser, a religião, a verdadeira religião, tudo isso; como um processo global, pleno.

O "Dharma", portanto, estrutura o sentido da Ética: o homem tem que conquistar e chegar, na prática, aos pontos de desempenho do "Dharma", seja como "dever", seja como "verdade suprema" e seja como "costume" ou "comportamento".

No momento atual de nossas vidas, no Ocidente, haveremos ao menos de conhecer, em superfície — é certo — essas concepções, que hão de se somar, pelo significado de justiça distributiva, às nossas meditações para encontrarmos o prumo em nossa vida seqüente, para o sucesso material e espiritual. Pois aquele depende deste; embora um não se perfaça sem o outro.

## CORRELACIONANDO O *DHARMA* E O KARMA

Explicados, de maneira simplificada, os significados dos dois termos sânscritos — como já visto — vamos colaborar com o leitor para a aproximação de ambos os sentidos na vida prática.

Pois pode surgir a pergunta, até certo ponto justificada, se Karma e *Dharma* não querem dizer a mesma coisa.

ANOTAÇÕES

Para a vertente da espiritualidade, contudo, a distinção prática existe. Apenas para uma facilitação analógica, da mesma maneira que o substantivo nomeia e o adjetivo qualifica, nessa ordem o *Dharma* e o Karma estão colocados na corrente das vivenciações.

Ainda trazendo até esta passagem do nosso trabalho o conceito, já assimilado pelo leitor, de "evolução", podemos adotar a postura de que o *Dharma* representa o "estado excelente da evolução", enquanto o Karma são "os expedientes adotados" para elevar o ser humano a esse estado.

Vale, para a compreensão que intentamos, dizer que o Karma é o agente do *Dharma*. É a dinamização do *Dharma* em busca de que se implante a "divina ordem moral" entre os homens.

Devemos dar ênfase a que todo julgamento depende, para a repercussão evolutiva, do real grau de consciência em que se encontra o agente.

Por essa razão, um fato de similitude pronunciada, praticado pelo agente "A" ou pelo agente "B", pode ter conotações bem distintas quanto aos efeitos relativos a cada um.

A maior ou menor consciência quanto à "lei da realização evolutiva universal", que envolve a todos os seres do mundo criado, dita o grau de repercussão da atitude, inclusive e especialmente no karma individual do praticante.

Fechando uma vez mais essa idéia, que próxima está dos conceitos já analisados do destino e do livre-arbítrio, temos que o conhecimento superior, o qual já ingressa no reduto da Sabedoria, abastece suficientemente o homem para adotar, em sua vida, os princípios salutares e altissonantes do *Dharma*, com menores resvalos provocativos à ação — aqui corretiva — do Karma, assegurando uma vida de sucessivos e incontáveis sucessos quanto ao mundo interno do ser, muita vez não percebido pelas exteriorizações do beneficiado.

Ou seja, o crescimento se dá na valoração interiorizada da vida, da qual a manifestação objetiva pode dar o testemunho definitivo, quando o homem atinge o equilíbrio dinâmico da sua ação; quando mente e coração, humanos, estão em estreita e prolífera interação, um suprindo as dificultosas e inevitáveis oscilações do outro, e para maior grandiosidade daquele caminho.

| 170                                                                      EUBIOSE

Referimos essas oscilações porque cônscios todos devemos estar de que esse decantado equilíbrio, em sendo dinâmico e não estático, a cada momento, atrelado a um estado de consciência mutável, exige mudanças de hábitos mentais e de expressão, que devem se fazer conforme a nova compreensão.

Nesse campo, as variantes são tantas e tão intensas para o viver humano, que inevitável se apresenta a defasagem entre o que se vê, se assimila e se pratica, ocasionando passos vacilantes, com transgressões próximas ao involuntário, a merecer um crivo menos severo para a retomada do Caminho da Lei, o Caminho do *Dharma* — que todos nós, em tempo menor ou maior, haveremos de trilhar.

## DESTINO E LIVRE-ARBÍTRIO

Desde muitos séculos, na Grécia antiga, quando aquela seqüência excepcional de pensadores legou, ao mundo que viria, todos os pilares do pensamento, concepciona-se que "inexistem homens bons e maus; existem homens sábios e ignorantes".

O que quiseram dizer os gregos clássicos? Os homens, ou são sábios e, portanto, bons; ou ignorantes, e, dessa forma, maus.

Afastemo-nos do sentido social dessa bondade ou dessa maldade, para ingressarmos apenas no cerne eubiótico da colocação. Importa, aqui, a pessoa realizar, durante sua existência, os seus mais elevados fins.

Fins superiores implicam a busca da Sabedoria, como seja, o conhecimento pleno que eleva à excelência do Saber. Quem aqui chega, entronizou a realização da vida. Portanto, seguiu o caminho da construção, que identifica igualmente a distribuição generosa do entendimento dentro do qual engrandecemos o sentido dessa mesma vida; e, dessa forma, praticou e distribuiu o bem.

Estar desorientado quanto à rota desse alcance (chegar ao Bem Maior) implica a adoção de atitudes de ofensa à própria existência, e à

ANOTAÇÕES                                                            171 |

prática desavisada de malversação da oportunidade de conhecer corretamente sua natureza.

As práticas decorrentes dessa dispersão não raro ofendem, em maior ou menor grau, a própria pessoa e aquelas que mantêm este ou outro contato com o desregrado, ocasionando perdas e retardamentos naquele outro caminho, que conduz às felicidades imediata e distante.

Essas são estruturas que utilizamos para chegar às idéias da "liberdade de concepção e de ação"; ou, ao contrário, da submissão aos resultados dos desvios, que acabam por ditar os acontecimentos, submissão essa qualificada como "determinismo" ou "destino".

O destino existe? Sim.

E o livre-arbítrio? Igualmente sim.

As chaves estão em: como amenizamos ou modificamos aquele; e como exercitamos este último.

A Eubiose adota um esquema, que qualifica e identifica o percurso de cada um, desde a ignorância mental, passando pelo conhecimento corriqueiro, para se chegar ao Verdadeiro Conhecimento possível nestes planos da manifestação. Aqui estamos na vertente da razão.

Esse mesmo percurso, do mínimo ao máximo, caminha pelo reles instinto (reação primária da manutenção da existência), passando pelos sentimentos reacionais do dia-a-dia, e chegando à sublimação, ainda humana, da equiparação de oportunidades emocionais a si e ao outro, no Latim *alter*, daí a expressão "altruísmo".

Pois justamente as faixas superiores desses itinerários, realmente aplicadas na vida com equilibrado senso, concedem, ao homem, a percepção e o entendimento do setor em que atua sua liberdade; tais conclusões (que o ser utiliza não de forma definitiva, e sempre provisória, sob risco de imprudentemente fechar o processo que necessita ser mais e mais entendido), apontam para ele os contornos de sua "liberdade", possibilitando — quanto a esta — uma "auto-arbitragem".

Equivale dizer, ele passa ao desejável: ser árbitro de si próprio, de suas próprias idéias e ações.

As ocorrências desses passos fazem-no, em gradações sucessivas, conhecer e entender as implicações e mesmo as conseqüências do seu destino no presente, nesta vida.

E a compreensão do seu processo no existir cria a possibilidade real de atuar no que lhe está determinado.

Caso esteja ele abastecido com os bons frutos do conhecimento e da emoção superior, a nova faixa kármica na qual ingressa ocasiona a vulnerabilidade do processo inflexível ao qual estava anteriormente submetido.

Dessa forma, os passos que deveriam acontecer podem ser alterados para o abrandamento decorrente do novo posicionamento, mental e emocional, que passa a ter.

Eis como o homem pode atuar sobre o seu destino anteriormente traçado.

Essas modificações atuam na ampliação de sua consciência, possibilitando que provenham, para esse homem, os esplêndidos alvores da sua Consciência espiritual, individualizada no seu acervo de entendimento.

Em suma, concluímos que é possível chegarmos ao sentido de liberdade, cumprindo prazerosamente o que nos faz bem, fruto do nosso próprio entendimento.

Esta liberdade é real e conseqüente, diferindo daquela outra desavisada, e que não raro nos levava a resultados indesejados e mesmo funestos.

Trata-se de uma liberdade que notoriamente nos conduz à ... libertação, e pois à liberação em si, não condicionada.

O destino anteriormente abraçado, atrelado ao não conhecimento dos fatores benfazejos do percurso evolucional, curva-se a esse homem que vai se agigantando na trilha da vida. Como seja, o destino se modifica.

Nada melhor que atuarmos com uma liberdade responsável perante nosso entendimento, que mais nos dignifica do que prejudica e perturba.

E desenvolvermos um destino consoante esse "novo estado de ser", o qual seguramente pouco terá a ver com o determinismo instalado no início desta nossa vida.

Já, aqui, o homem será livre cumprindo um renovado e alentador caminho, pois elegeu o que de melhor possui para que seus passos distribuam Paz, Amor e Sabedoria.

Porque ele é, sem dúvidas, um agente destes atributos.

# ...PERMITA QUE AS ÁGUAS DO ALTO...

Sim, leitor.

Permita que as águas do alto, que fluem incessantemente sobre você, lavem o seu coração!

Torrente bendita, provinda dos céus, sutil e abundantemente generosa, do azul indescritível dos planos superiores, essas águas têm a proposta direcionada certeira: purificar o seu coração, caríssimo leitor.

Desafortunadamente, nossas resistências criam obstáculos à sua plena e benfazeja ação.

Ou as ignoramos; ou insistimos em nossas mágoas; ou reforçamos nossas iras; ou... tudo junto.

Apenas o homem de coração puro alcança a salvação.

A saída não está na mente... ao menos que esta sinta como um coração purificado, bondoso e dadivoso.

Contudo, essas indescritíveis águas jorram em fluxos incontíveis, e banham toda a humanidade.

Esperançosas como os homens não o são.

Certeiras... coração a coração.

Veja, meu bom leitor, não se trata de uma conquista. E, sim, de uma permissão.

Permitimos tantas outras coisas que desservem a nossa evolução!

Esta entrega sim, faz sentido.

Auxiliemos esse fluxo, transmutando nossas mágoas em compreensões, onde incluamos o entendimento de nós próprios. E aplacando definitivamente nossas iras, que são tigres-de-papel, arquitetadas pelo setor inconveniente de nossa alma.

Assim, a pureza se fará presente.

A experiência de um adulto.

Mas a simplicidade ingênua de uma criança.

Permita que as águas do alto, que fluem incessantemente sobre você, lavem o seu coração!

Sim, leitor.

# CINCO INDAGAÇÕES PRESENTES NO AGIR

A mente de cada um de nós está, durante a vida física na Terra, e na vigília — quer dizer, quando acordados — condicionada às coordenadas de tempo e espaço.

A mensuração do que nos propomos a fazer, de forma empírica, experimental, involuntariamente nos conduz a essas duas perspectivas: a localização geográfica da nossa ação; e qual a duração consumida nessa atuação.

Para este nosso entendimento, caracterizamos o "involuntário" quando se dá uma reduzida presença da nossa determinação, da nossa vontade consciente; ou seja, quando nossos gestos contêm uma dose elevada de automatização, situações essas em que poupamos o investimento daquele crivo tão necessário, que significa a **prudência** em antevermos os desdobramentos das nossas manifestações.

No nível da nossa intimidade, sobre o que pensamos e sentimos, de certa forma a nossa custódia tem sua eficácia. Embora nós, esoteristas, saibamos que as formulações mentais e emocionais ocasionam irradiações, as quais podem, mais ou menos, repercutir nas auras dos corpos psíquicos dos outros, com direções certas a determinadas pessoas; ou difusas naqueles planos afins com as particulares gamas vibratórias que emitimos.

Contudo, projetados os nossos propósitos, ou em palavras, ou em ações, no éter ou no resultado físico o percurso não comporta interrupção: não pode ser contido, ocasionará um naipe reacional.

De dentro para fora de cada um de nós, o projeto guarda a seguinte trajetória, gradativa, seqüente, da intimidade à socialização: "**o que?**" como uma escolha que deve ser bem nossa, individual, representando o conteúdo, o núcleo de onde poderá partir a ação; "**por que?**" como a razão, o sentido, a justificativa que nos damos, que pode eventualmente ser explicada aos outros; o "**como?**" é a maneira de fazer, o estilo, e são os componentes da forma que vamos usar; "**onde?**", a setorização do lugar, com as circunstâncias e eventualmente as presenças, da aplicação da

ANOTAÇÕES                                                                                          **175** |

nossa idéia; e o "**quando?**" refere-se à oportunidade temporal do ato, fonético ou objetivo.

Esse o itinerário comum, da intimidade à visibilidade, que proporcionamos ao meio e às outras pessoas.

As carências e as dificuldades de concretizarmos nossos projetos estão, portanto, na deficiente análise prática e política que, desafortunadamente, costuma acontecer.

As cogitações sobre essas cinco verificações nos levam a projeções diversas, e sugerimos que o leitor as faça.

Como exemplo, e para ilustrar: vezes há em que a idéia se apresenta viável e justificada (respostas satisfatórias aos "o que?" e "por que?"); até muito boa está a formatação da prática que pretendemos aplicar ("como?"). Contudo nos equivocamos, ou no tempo em si ("quando?") ou nas circunstâncias que irão cercar nosso empreendimento ("onde?").

Tal insucesso advém, no geral, ou de uma análise incompleta, até mesmo imprópria, e, pois, insuficiente para atingirmos a finalidade da idéia; circunstância quase sempre somada à nossa ansiedade, e decorrente afoiteza nas aplicações adotadas.

Temperança, equilíbrio, paciência, tolerância são "santos remédios".

Acreditamos na utilidade de conscientizarmos esses enfoques.

Afinal, ao aprofundarmos, em nós, esses entendimentos, e adequarmos então nossas expressões verbais e gestuais, estamos nos autoconhecendo e contribuindo para a moderação proveitosa do meio ambiente em que vivemos.

Por decorrência, descortinaremos melhor o compasso evolutivo que nos cerca; e atuaremos mais cônscios sobre os mesmos.

# ESPIRITUALIDADE E ESPIRITISMO

Aos menos afeitos, parece existir uma identificação entre os significados de "**Espiritualidade**" e de "**Espiritismo**".

Não é assim.

Espiritualidade é, em uma palavra, a vocação para o espírito.

Que todos os seres viventes, dotados da mente esclarecedora, normalmente têm.

É importante frisar, nesta passagem, que, ao abordarmos o caminho evolutivo, **o espírito não é mais que a matéria**.

**São dois estados diferenciados de uma mesma natureza.**

Ambos de crucial importância para que se dê esse desempenho evolutivo: transmutação da vida-energia em vida-consciência, como já vimos nos capítulos da Primeira Parte deste pequeno trabalho.

Sob a óptica da visão desse plano, um, o espírito, em estado rarefeito; outra, a matéria, em estágio denso.

Ora, a vocação para o espírito compõe todas as correntes religiosas honestas.

Transferir o conceito da prática para a idéia do que é excelente.

Assim sendo, não é particular de nenhuma das derivadas íntimas de interpretar a Verdade.

A concepção de espiritualidade está intimamente unida à idéia, mesma, de religiosidade.

A inclinação, maior ou menor, de juntar, em um só momento, o efêmero, o passageiro, com o permanente, o duradouro — e, se possível, o eterno.

Claro está que os fluxos, todos, do exercício religioso, e que sejam praticados com a honestidade de propósitos, desejam essa união.

Ainda que, de maneira involuntária, para ela trabalham.

Com todo o respeito cabível, cremos que a terminologia mais consentânea com a prática espírita não haveria de ser aquela adotada, como "espiritismo", mesmo porque o melhor que seja, de nossa alma, não se confunde com a essência última, ao mesmo tempo ponto de partida e de chegada.

ANOTAÇÕES

Mas, nosso breve texto não contém o desiderato de promover mudanças — a não ser aquelas concebidas pela concordância.

A finalidade destes esclarecimentos, contudo, vai além da lida com os termos.

**Aquele que pratica desinteressadamente a espiritualidade distancia-se das disputas, das divergências.**

Torna-se apto, pois, a admitir e analisar propostas e diferenças, as quais integram os discursos das religiões assim ditas "positivas", aquelas que vêem **um fim** nas práticas (todas ou quase todas) de suas crenças.

**O espiritualista não está atrás desse tipo de fim.**

**Começo e fim, alfa e ômega, são, na essência, uma e mesma coisa.**

Ele simplesmente caminha nessa direção. Até mesmo participa, aqui e acolá, destas e daquelas práticas, sabendo que ali não está o tão desejado "fim". E, sim, **meios** mais ou menos apropriados à percepção mais ampla, aquela que ele possui.

Nada o detém.

Nenhuma circunstância, ocorrida em tais momentos, o encanta.

E ele expõe, também com naturalidade, uma postura de respeito.

Afasta-se do que percebe ser engendrado, que tenta chegar a um resultado menor; prejudicial, mesmo.

Não sem antes intentar palavras e esclarecimentos àqueles de bons propósitos. Demonstra e atua seus respeitos com estes.

E reverencia, mesmo, os que alcançam atitudes de dignidade, próprias do incomensurável acervo espiritual.

Estejam eles em quaisquer dessas derivadas onde se apresenta o Espírito Único.

Contribui, assim, de maneira inestimável para o real progresso de todos.

Atua deliberadamente para que se implante a lei justa de distribuição universal da Verdade.

Filia-se ao fluxo do adeptado.

Em uma palavra: **está evoluindo!**

# O CULTO AOS ANTEPASSADOS

O culto aos antepassados, que muitos consideram mera crendice, tem um significado profundo, envolto em alguns mistérios.

Uma parte de tais mistérios hoje está vindo à tona, com a organização praticamente completa, ainda a ser totalmente decifrada quanto ao alcance, do assim chamado "código genético humano".

Nós retratamos, em considerável proporção orgânica, o somatório das linhagens de nossos pais, aqui compreendidos nossos parentes sangüíneos mais distantes, de nossos avós para trás.

Somos, a rigor, o retrato estampado, o futuro, não apenas das estruturas, mas das expressões vividas por esses homens e mulheres, a nós ligados pelos próprios segredos do sangue, num passado que vai se distanciando.

Assim como no presente estamos implantando, com uma considerável dose de inconsciência, em nossos filhos e por decorrência em nossos pósteros, o que somos como estrutura cromossômica. E, também, o que desenvolvemos com nossas mutações e com nossas atuações.

Impõe-se um reparo, apenas exposto com clareza e coesão quando partido do mundo da espiritualidade.

Nós não somos o resultado desavisado de uniões gaméticas casuais.

Ainda que essas uniões aparentemente ocorram, aqui e acolá, nossa alma encarnou como outras tantas encarnam no encantamento, real, de ali encontrar as condições para os desempenhos da vida que interessa: aquela que está em vertente, pulsando, projetada, atuante.

Erram, portanto, os que culpam as ações de seus antepassados como o percurso das inclinações e das dificuldades a vencer, que compõem as suas vidas.

Constitui uma atitude, desalentadoramente comum (mas quase sempre desavisada), inculparmos terceiros pelos nossos hábitos e costumes censuráveis, prejudiciais ao nosso crescimento na direção do divino.

E os alvos mais à mão costumam ser nossos pais e parentes antepassados.

A alma encarna por afinidade.

As atitudes atuadas no curso da existência passada, integrada pelo conjunto de nossas vidas, se agregam, ou no átomo permanente — síntese daquela vida — quando atingem uma força suficiente para tanto; ou compõem a aura que acompanha a nossa alma, ainda que nesse estágio.

As tendências restam afloradas, mormente na decisão ou no sopitamento de um novo encarne.

As almas mais evoluídas escolhem as condições do retorno, considerando inclusive as condições previsíveis da época em que deverão dar andamento aos fatos e às coisas.

As menos favorecidas, são como que aprisionadas ao conjunto afinado com suas necessidades de modificações kármicas, quer individuais, quer relativas ao contexto familiar sangüíneo em instalação onde se colocam, para não irmos mais adiante.

Encarnam basicamente por atração, pois, ainda não tendo atingido o passo além do meio do caminho, têm alteradas e perturbadas as suas visões quanto às proporções dificultosas que irão enfrentar.

Eis uma razão mais que suficiente para modificarmos, positivamente, nossas vidas.

Pois o nosso futuro, como almas em evolução, responde ao nosso presente.

Temos de levar nossa vida no certo, que é o médio eqüidistante do bem e do mal, escolhas basicamente humanas.

Como revela uma parte de nossas afirmações eubióticas, nos situarmos nem no bem, e nem no mal. Que, quando absolutos, constituem uma plenitude de expressão, escrevendo-se com a letra maiúscula.

E sim contarmos com a iluminação do alto, do princípio correto para o nosso evoluir, que podemos perfeitamente avocar, caso modifiquemos mesmo nossos comportamentos, deixando de alimentar as mazelas, próprias e dos que nos cercam.

Aqui está a frase, de elevado valor evocatório: "Nem Bem, nem Mal, senão a grandeza sublime da Lei!"

Relegando, como é o desejável, essa postura distributiva que é o fruto de nossas incapacidades, distribuição de defeitos que estão no nosso acervo pelas próprias tendências nossas de outras vidas e não propriamente porque os outros nos legaram, resta refletir corretamente sobre o valor de nossos antepassados em nossas vidas.

As influências, mesmas, que esses antigos representam nos nossos passos.

As culturas que ainda vivenciam certo estágio de primitivismo, entendido este como uma fase aparentemente representativa do passado, censurável pelos "progressistas" diante daquilo que nossa época tem modificado; e aquelas mais refinadas, têm respostas diferentes nos ângulos visionais, mas que parecem se completar.

No exemplo da África, para as primeiras, as mais rústicas e autênticas quanto a seu distante passado, esse culto prioriza o apaziguamento dos "espíritos" de seus parentes mortos, para que essas entidades não perturbem e nem interfiram nas rotas dos fatos que se apresentam.

No outro, como o desenvolvido entre os japoneses, sentimos um tipo de elogios e elevações às qualidades dos que se foram deste mundo; autênticos agradecimentos, que seguramente melhoram a visão dos praticantes quanto às suas próprias virtudes, as quais, de certa forma, como acima explicamos, sofreram a influência genético-kármica daqueles que os originaram.

Desde que estejamos efetivamente na senda do progresso espiritual, poderemos, perfeitamente, adotar uma prática simples. Dificultosa, no início, de ser realizada; mas de seguro resultado positivo prático.

É a da **revisão consciente**.

Tiremos alguns minutos do dia para uma proposital meditação a respeito.

Meditação não é uma concentração forçada. Nem uma soltura sem destino.

É a fixação suave de um tema que nos envolve, e sobre o qual vamos deitar o melhor que temos, para alcançar — não como uma meta imediata, não como uma solução afoita — um resultado íntimo, que nos eleve a um patamar de uma compreensão mais integral, mais completa do objeto focado.

Acima de tudo: que nos traz, quando em meditação, o nosso foco espiritual, a espiritualidade ínsita em nosso ser.

# ANOTAÇÕES

É esta que fala.

É esta que "dita", não como ordem, mas como o **melhor** e o **mais pleno** conselho para o nosso acerto.

É a verdadeira presença da Intuição, como qualidade superior. Dela não podemos fugir. Nem a podemos refugar. Ela não consulta as nossas emoções. Ela quer, efetivamente, o nosso bem.

Na revisão consciente proposta, devemos permitir que as límpidas, cristalinas, preciosas e benfazejas Águas do Alto lavem o nosso coração. Como já vimos, e vale repetir, elas o fazem sem cessar. Nós é que resistimos a essa purificação, aprisionados e questionados, sem parar, por buscas apressadas e incompletas das soluções de nossos problemas, menores, certamente, que as soluções intentadas com prudência e empenho, como quando meditamos.

Nessa postura implantamos essa revisão.

E devemos exprimir, com um carinho especial quanto natural, raro e cultivado amor pelo legado que recebemos.

Sempre voltados para a intenção de nossos pais, avós e outros para trás, pois as suas normais aspirações eram o do melhoramento futuro das condições em que viveram; e que esse aprimoramento ao menos acontecesse com seus descendentes, nos quais eles sabiam, involuntariamente, que estariam vivendo num futuro.

Nada impede que o culto seja formal.

Ele pode acontecer com altar, flores, bons pensamentos.

Mas, que se faça presente, esse culto, em nossas vidas.

Diminuímos a possibilidade de que passe, para nossos descendentes, as próprias atribulações de certa forma herdadas; facilitamos o fluxo dos benefícios que esses parentes, à sua maneira, é certo, lançaram como aspirações positivas para as nossas vidas.

E, nos conhecemos melhor. E mais amplamente.

# EGRÉGORAS

Tema atualíssimo, do qual os homens, de modo geral, pouco se dão conta, a ocorrência viva das egrégoras se constitui na justificativa mais plausível da existência de uma dimensão, que é a quarta (mais próxima e influente sobre aquela em que vivemos, medida pelo cumprimento, pela espessura e pela altura, por isso mesmo identificada como a terceira das dimensões possíveis).

Certo é que, em cada dimensão, percebemos um mundo de formas e componentes diferenciados.

Ainda não absorvida oficialmente pelo nosso vernáculo, a expressão, de fonte grega, na forma singular "egregora", provém de *egregorien*. Em uma palavra: "vigiar".

O fundador do movimento eubiótico, Henrique José de Souza, nos elucida, em seus escritos, que a egrégora, "ser que vigia", é uma criação formada pela série repetitiva das correntes mentais e emocionais de concepções análogas, ocasionando a formação de um "corpo" extramaterial, e que acaba tendo "vida" própria, independente da repetição atuante de seus formadores.

O notável dessa criação é que, potencializada por esse poder elaborativo psicomental, que conta — ou não — com a atitude intencional de seus formadores, a egrégora passa a um estado vibracional independente, o qual atua "em" e "através de" aqueles que, na mesma gama, com ela contribuem, ou mesmo com ela sintonizam.

Rememoremos um dos princípios herméticos, justamente o que esclarece que "na natureza tudo vibra, tudo é vibração".

Admitindo-o, entendemos que as sintonias da existência, mormente neste plano, são estabelecidas pela proximidade das gamas de elementos afins, como seja, que vibram em sintonias análogas ou de identidades bastante parecidas.

O fato é que tais "corpos", ditos egregóricos na matéria oculta, passam, assim formados, a **existir**.

E em comunicação estreita com os seus afins, sejam ou não os que os formaram.

ANOTAÇÕES

Quando tal gênese provém de pensamentos e sensações construtivos para o fluxo evolucional, tendo tais manifestações, em seus núcleos, as mais produtivas intenções de que todos, indistintamente, participem das benesses dos planos superiores, a egrégora nascida é vista, pelos dotados dessa maneira incomum de "enxergar", como um corpo luminoso e majestoso, propenso a influenciar positivamente os homens que lhes estejam afins nos seus propósitos. Esta se identifica com a proposta do Bem.

Inversamente, os resultados imediatos buscados por aqueles que são indiferentes às repercussões de seus atos e propostas (vale dizer, interferências prejudiciais ao bom esclarecimento espiritual de outro homem atingido pela atitude), alimentam, na formação e na vida, outra natureza de egrégora. Que influencia, escraviza e atua nos que raciocinam e sentem com igualdade, resultando em respostas negativas para o surto do crescimento em direção à espiritualidade. Servem, portanto, ao propalado Mal.

Veja-se que, na conceituação da consciência verdadeira de cada um, Bem e Mal estão na razão direta da libertação e da dependência, respectivamente, do ser humano para trazer, à vida, a instauração da excelência beneplácita daquele reduto inigualável quanto à felicidade que se deve atingir.

Portanto, assim entendida, a egrégora pode ser estabelecida pela seqüência intencional e firme de um núcleo propositadamente integrado em suas correntes psicomentais.

Esse nascimento trará benefícios ou prejuízos aos seus próprios criadores. Assim como àqueles que, pensando e sentindo parecido, acabam por se integrar em tal ou qual forma de pensamento vivente.

Bem sabemos que pensamentos e sentimentos superiores geram estados de alcances mais sutis, proporcionando um real bem-estar mais duradouro e prazeroso para a alma. Endereçando, portanto, o homem para entender mais completamente sua participação no fenômeno "vida", e possibilitando adequações acertadas para seu desempenho ajustado àquela Lei que qualificamos como Justa e Perfeita. Conquistando, dessa forma, aos poucos, um estado de felicidade imorredoura.

Esse tem sido o labor dos autênticos colégios iniciáticos de todos os tempos.

Na prática, tudo o que formamos, propositadamente ou não, e pela existência real dessas formas-pensamento agregadas que são as egrégoras, passam a viver conosco.

Nos estados de enfraquecimento da vontade (estados esses mórbidos: maiormente da razão, menormente das sensações e sentimentos — ou vice-versa) as egrégoras passam a ditar a conduta de seus criadores e sintonizadores, que "fazem coisas sem sentido" no testemunho dos que os cercam; coisas essas, contudo, explicadas pela compreensão que acabamos de expor.

Aqui se classificam os alcoólatras, os drogados, os esclerosados, dentre outros desafortunados, em que as egrégoras do astral, fortalecidas pelos "alimentos" que esses próprios lhes doaram, passam à prática do cotidiano, instrumentalizando tais doentes como seus autênticos títeres, ocasionando um clima pesaroso e desolador.

"Quanto mais pesado fizeres o mundo, mais ele pesará sobre ti" — uma das frases do pensador já mencionado, Henrique José de Souza — encontra plena explicação através do entendimento do que seja e como age a egrégora.

Ao contrário, portanto, quanto mais leve e construtivo, em termos evolucionais, cada um contribuir para que o mundo se faça, maiores e melhores vôos alçará para entender a participar ativamente do Plano da Grande Lei.

Que desta última forma possamos ser!

# SINARQUIA

Significa sistema político com a primazia de "governo", como seja, tanto o autogoverno (os dirigentes sabem governar a si próprios); como o hétero-governo (devido a tal sapiência, podem governar os demais).

É o sistema teocrático por excelência, como seja, a teocracia (comando de Deus) colocada em prática na "polis", cidade de convívios, onde estão, em desempenho, os cidadãos.

O homem ligado a Deus hierarquiza, na sua conduta e nas suas buscas, um processo de privilégio em direção ao mundo espiritual. Vale dizer, passa a entender e praticar a evolução, transmutando sua vivência energética com o mundo em abrangências conscientes, que proporcionam a compreensão da vida, e o decorrente melhoramento do seu papel na corrente que mais se aproxima do Criador.

Essa consciência é de ser despertada dentro de um equilíbrio, como seja, sem preferir o universo essencial, em relação ao universo fático-material; mas, considerando que a interação de um com outro, ainda quando vivenciamos este campo dos efeitos, é fundamental para o sucesso do caminho.

Contudo, ao entender o roteiro que conduz à Verdade, o homem passa a trazer, para a vida prática, os ideais de Justiça, Sabedoria, Amor Universal. Ao eleger como metas altissonantes essas virtudes espirituais, ele pauta seus pensamentos, suas emoções e sua conduta submetidos ao sucesso de sua vida, que apenas poderá ser aquele direcionado para chegar, o mais próximo possível, desses pontos luminares.

Esses esclarecimentos apenas se tornam possíveis através do autoconhecimento, exercitado sob o pálio de uma formação esclarecedora, desempenhada em contato com a sabedoria que possa realmente abastecer, de bons frutos, a sua mente e o seu coração.

Essa há de ser a doutrina do espírito, tão bem exposta pelo acervo eubiótico.

Tempo houve em que os deuses, convivendo com os homens, implantaram o tipo modelar do **governo sinárquico**.

| **186**                                                                                    EUBIOSE

Em vão intentou-se o desempenho dessa maneira excelente de conduzir a vida.

O homem carecia de um alcance crucial, qual seja, entender e assimilar, com as ferramentas e a experiência própria, ser esse o único caminho capaz de promover o auto-encontro, de submeter sua natureza transitória à natureza superior que o habita.

Não por medos ou fobias, como as desavisadas correntes "religiosas" intentam, mas por conclusões de sua própria inteligência, como agora está acontecendo com freqüência.

Entenda-se, uma vez mais, que essa "submissão" não encerra o sentido corriqueiro da palavra; mas é, isto sim, o fruto de uma constatação, segundo a qual o "menos" (consciente de sua tarefa) tem de ser esclarecido e iluminado pelo "mais" (consciente de seu caminho e dos destinos da humanidade).

Esta é uma **atitude sinárquica**.

Qualquer outra, de menor valia, subversiva à primazia do "governo sagrado" (é o significado de "hierarquia"), provocará a **anarquia**, que é a negação, mesma, do governo (*arché*, governo; *a*, sem; negação — do grego). É a desestruturação deste, vale dizer, a negação da importância da existência de um governo; sem o qual o homem, ainda no estágio intermediário do êxito, costumeiramente colocará a perder os justos esforços desenvolvidos e investidos para o êxito maior, como exposto.

Daí que Henrique José de Souza, conhecedor ímpar e privilegiado dessas circunstâncias, ser o autor desta célebre frase, bem conhecida de nós, esoteristas: "Tudo pela **sinarquia**; nada pela anarquia."

Que assim seja!

ANOTAÇÕES

# AS LEIS DO TRISMEGISTO

Uma figura proeminentemente considerada dentro do Ocultismo, que terá vivido em tempos imemoriais no Egito, é a de Hermés.

Denominado que foi o "trismegisto", ou três vezes grande, como conhecedor dos segredos dos três mundos (o divino, o celeste e o terreno) esse ser, cuja existência os fastos daqueles tempos põem em dúvida, legou ao mundo um texto. É óbvio que insculpido nos pergaminhos daquela escrita, ou ainda na madeira, bastante utilizada para esse fim, texto esse conhecido como a *Tábua de Esmeraldas*.

Referenda-se, ainda, que Hermés nada escreveu, e sim seus discípulos, que nesse texto consignaram a suma dos seus ensinamentos.

O fato é que restaram legados, para a humanidade, **sete regras**, na essência **sete princípios**, pois informam todos os estados das coisas neste terceiro mundo, também entendido como mundo dos efeitos, das conseqüências.

De uma parte aquelas provenientes dos mundos superiores, e que esteiam o íntimo do homem; de outra, as passadas e presentes na horizontalidade, na qual de digladiam as preferências, as escolhas, os comportamentos enfim, e que integram o desempenho da sua personalidade, dos seus componentes passageiros.

Eis uma referência breve, mais de localização desses sete princípios, no afã tão apenas de elucidar o leitor atento:

Princípio do **mentalismo**, o qual informa que "o Todo é mental", vale dizer, a criação provém de um contexto mental, princípio esse que confere com a idéia passada, pelo hinduísmo primitivo, de que o mundo em que vivemos foi projetado por *Mahat*, a Grande Mente Cósmica. Já, hoje, parte da ciência física trabalha com essa hipótese, de que tudo é uma ideação, transmitida como sensação, e que impressiona cada ser vivente.

Princípio da **correspondência**, o qual deflui, mesmo, do princípio anterior, do mentalismo, pois o que a Grande Mente estabeleceu (ou se direcionou), "para" ou "de" aqueles mundos, divino e celeste. Este terceiro mundo foi projetado e mesmo copiado. Claro está que em processo vibracional distinto, integrado em veículos de suporte, mas todos eles em paralelos perfeitos àqueles planos. Dessa forma, "aquilo que está em cima é como o que está embaixo"; assim como "aquilo que está embaixo é como o que está em cima". E, tudo, "para que se complete o sentido da causa única".

Apontando o que acima colocamos, referenciando o estágio do mundo terceiro como dotado de uma gama específica de estado da matéria, outro princípio é o da **vibração**: "em a natureza tudo vibra", como queiramos, tudo está em movimento, ainda que em um latejar imperceptível para nossos sentidos comuns. E são essas vibrações que determinam este ou aquele momento da matéria, que, dessa forma, pode ser classificada, ainda que de modo grosseiro, em sete subestados, do sólido ao atômico, passando pelo líquido, pelo gasoso, o radiante, o etérico e o subatômico, ou em terminologias análogas que se lhes possam dar. Mas os átomos, as unidades, não são apenas aqueles que podemos localizar nesta dimensão, chamada terceira porque a mensuramos pela largura, pela altura e pelo comprimento. Em outros correspondentes dimensionais, os átomos igualmente se fazem presentes; da mesma forma, variam em suas vibrações, e, portanto, distinguem da mesma maneira situações ínsitas nessas mesmas dimensões. Uma vez mais as vibrações prosseguem distinguindo inclusive esses universos paralelos; integrantes, contudo, deste plano dos efeitos.

A **polaridade** se constitui em outro princípio. Só vejo, concepciono e distingo o branco perante o preto. Apenas valorizo a luz perante a sombra, a escuridão. Tenho, e entendo, o quente, uma vez que do lado oposto está o frio. Assim por diante. "Um pólo encontra, no outro, sua negação absoluta." É dessa forma que normalmente entendo e exercito as minhas vivências. Trata-se de uma regra dessa faixa especial do universo.

O compasso, a cadência, igualmente se fazem presentes: é o princípio do **ritmo**. A pulsação universal, que atravessou incontáveis planos para aqui aportar, como que se detendo sutilmente após cumprir cada fase desse seu projeto que dessa forma se realizava, determinou a ocorrên-

ANOTAÇÕES

cia de hiatos, por breves que sejam, entre as coisas derradeiramente estabelecidas. Movimento e pausa, como na criação musical; consistência, nas figuras, e respiro, no vazio, como a arte pictórica chinesa dispõe, são testemunhos da existência do ritmo. Inexiste ação que não reclame por inação; e nem estagnação, aparente, que não enseje movimentação. O ritmo proporciona o revezamento. Valoriza e provoca a dinâmica entre um e outro naipe, daqueles que se correspondem em posições opostas.

O princípio da **causa e efeito** esclarece e informa que, "a toda causa corresponde um efeito"; toda origem atuante determina uma conseqüência, e esta poderá se tornar a causa de um outro resultado. Uma circunstância junge-se a outra, provocada, a primeira; resultante, a segunda. Especialmente na ação humana, as coisas não se apresentam soltas. Ligam-se a um ou mais fatores determinantes.

E o princípio do **gênero**, também notoriamente visível neste universo de efeitos, corresponde à criação dos céus, no qual a Causa das Causas se projetou inicialmente em espelho para visualizar a si mesmo em contrário; olhou-se, e criou em junção com seu oposto visível; contudo, sendo si próprio, esse oposto era o seu complemento e não a sua negação. O momento final desse efeito agasalha o "masculino" e o "feminino" de todas as coisas plausíveis desta faixa, dos quais os representantes mais notórios são os homens e as mulheres, complementos uns dos outros, opostos dotados do notável poder de geração de novas vidas em suas estruturas materiais. A alma, a fim de proporcionar e desenvolver a polaridade especial aqui focada, também apresenta fatores masculinos e femininos, os quais atraem e sintonizam, em procedimento criativo, os fatores femininos e masculinos de outras almas, em alelos invertidos, porém, de formas iguais, complementares. Essa admissão, esse entendimento, pode-se constituir em considerável sucesso na vida.

# PASSAGENS E PROPORÇÕES

A vida é um caleidoscópio de **passagens**.

Se ficarmos atentos, daremos razão os indianos, segundo os quais "a vida é feita de passagens".

Os sábios chineses sempre informaram essa realidade através da alegoria da água fluente. Ensinavam ser impossível banhar-se duas vezes nas mesmas águas de um rio.

Trata-se de uma evidência.

Estranha para quem nunca se detém.

Ao mesmo tempo, não pode se constituir em um desânimo, em um desalento para a faixa repetitiva da nossa alma.

Gautama, o *Buddha*, nos legou um ensino igualmente eficaz para a nossa compreensão, quando setorizou o prazer e o sofrer da alma naquela verdade, uma das quatro em que esteia a filosofia que lhe foi própria. O homem sofre quando se afasta daquilo que lhe provoca atração. E sofre, também, quando se aproxima daquilo que lhe provoca aversão.

Cada circunstância da vida, sendo uma passagem nesse fluxo incontível, não haverá de se repetir, à evidência, com todos os componentes daquele momento que já foi.

É a evolução do ser que irá utilizar esse entendimento para crescer; ou para sofrer.

Renovar para melhor, esse significado, em uma transmutação que proporcione maior proximidade para com a consciência espiritual, a única verdadeira, é a proposta dos obreiros da Evolução.

Sendo assim, em momento algum as coisas deste mundo são plenas.

Apresentam-se, sempre e sempre, como relativas.

O meu entendimento de hoje não será o meu entendimento de amanhã.

Mercê dessa dinâmica notavelmente complexa, em que praticamente todos os componentes sofrem variações, na vida valem as "**proporções**".

# ANOTAÇÕES

**Proporção** é a medida que aproxima o conjunto dos conhecimentos, resultando em um **estado de ser**. Passageiro, pelo que se discorreu. Esta noção nos retira a confiabilidade necessária para emitirmos julgamentos sobre os outros.

Sendo, a proporção, própria de cada um, e formada por um complexo incontável de fatores, não temos como detectar o que se passa no mundo interior de outra pessoa. E, igualmente, estamos inseguros do que se passa na nossa proposta interna, que sofre mutações constantes.

Logo, em qualquer troca com o semelhante, estamos perante duas inconstâncias: a minha, e a do outro.

Vale, aqui, contarmos com algumas atitudes repetitivas, sempre presentes, e que apontam para acertos, provisórios isto sim.

As harmonias duradouras dependem de evoluções próximas, de modificações de parte a parte, que não podem comportar imposições e tolhimentos.

Tudo há proporcional ao que percebo, ao que entendo, ao que falo, ao que pratico, perante uma consciência maior ou menor que, no momento, tenho das coisas.

Tudo é de ser, pois, analisado, consideradas as **proporções**.

**Passagens** e **proporções** são duas visualizações inegáveis.

É o que concluímos.

Trazendo essas imagens, se possível essas idéias, para o presente momento de nossas vidas, vamos seguramente facilitar os nossos próximos desempenhos.

Que isso possa acontecer.

Eis os nossos votos.

## ENTENDIMENTO: EXPIAÇÃO, LIBERAÇÃO

Nós não temos outro destino, na vida, que não seja o de entendê-la. Ou, mais precisamente, compreendê-la.

O entendimento faz-se, basicamente e quase só, pela razão. Já a compreensão se realiza com o empenho da nossa totalidade; não apenas pelo veículo pensante, que nesse procedimento é indispensável, mas distante de ser exclusivo.

Nossa deliberação, expressa no elemento **vontade**, que há de ser determinada; e mais os condimentos de nossa **sensibilidade**, vibrátil pelas nossas emoções e sensações, que igualmente vão além dos cinco sentidos clássicos, integram esse estágio indispensável aqui — qual seja, a compreensão, que engloba todos os elementos desse conjunto denominado "vida".

Como nos aproximarmos desse estado de compreensão?

Nosso empenho firme, sem vacilações, de resolvermos os intrincamentos desta etapa de nossa existência, deve, é certo, contar com o nosso **empenho mental** máximo, pois o entendimento, embora não seja o único fator, se constitui no ponto de partida — pelo fato de que ainda somos, na nossa estrutura de esteio, seres fundamentalmente pensantes.

Tal entendimento voltado para o êxito logo nos revela que devemos **reeducar** nossas emoções e sensações, para alterarmos nossos sentimentos: isto nunca se perfaz em teoria, mas sim com a prática, aplicada em nosso dia-a-dia, e seja quanto a nós, como quanto a tudo que nos cerca, em especial com todas as pessoas do nosso convívio, sejam elas passageiras, sejam elas de uma permanência maior.

Essa propalada reeducação há de ter um norte, um vetor, eleito pelo melhor extrato que tenhamos da nossa razão, que, elucidada via nossa determinação de acertos, pouco a pouco nos aponta caminhos sadios.

O notável é que, caso não coloquemos em prática essas conquistas da mente e do reequilíbrio emocional, não vislumbramos os passos futuros, dessa forma empobrecendo e minimizando os efeitos, da busca, em nós.

ANOTAÇÕES

Claro está que quase todos nós não podemos dispensar o auxílio inestimável de uma doutrina justa. Que a tudo elucide. E que nada nos cobre. Quais os efeitos práticos desse empenho e dessas conquistas? É o do título que adotamos para este escrito.

À maneira de um colar, um fio (representando a existência individual nossa) une todas as contas ou partes que o compõem — que são as nossas manifestações de vida, com nascimento, crescimento, apogeu, decréscimo e morte — em que temos a responsabilidade de desvelar, para nós próprios, esse mistério completo.

Estando de posse dos elementos para darmos passos mais justos e acertados, se deixamos de adotá-los e praticá-los, ocasionamos um desacerto de maior calibre que aquele anterior, no qual não estávamos de posse dessa compreensão mais elevada: isso automatiza a conseqüência de uma **expiação**, de uma dor, de um sofrimento que nos abala, mas cujo desiderato é nos fazer mais cônscios de que urge uma mudança, uma mutação da abordagem desastrada, para estarmos conformes com aquela consciência momentânea que nos indicava um outro caminho.

A ocorrência de uma penúria evidente, aliada à insuficiente compreensão de passagens como essa, motiva a classificação de que o efeito da imprudência é um castigo, um pagamento, uma cobrança; inclusive com a impropriedade de pessoalizar uma lei universal, a Lei do Karma, como se essa Lei fosse dotada de um sentimento que ocasionasse a aplicação dessa reprimenda. O que é totalmente equivocado.

O Karma, como princípio universal, é a expressão de uma lei justa e perfeita, que adequa cada causa a seu efeito no mundo do desempenho da vida.

Portanto, a expiação é conseqüente a uma defasagem entre a possibilidade e o desempenho daquele que está evoluindo. Que, sabendo mais, deveria ocasionar um acerto maior, seja no seu universo interior, seja no projetado, que envolve suas ações no meio em que vive.

Já o acerto sucessivo nas posturas da vida encaminha para a liberação, que passa, é certo, pela libertação.

A compreensão da vida implica o combate incessante dos preceitos pré-formados, quando estes impedem a ampliação necessária dessa captação evolucional. Muitos dos quais nos são "emprestados" pelas formulações dos outros, que contam com nosso endosso por descaso e negligência, afora a resistência em não modificarmos coisas visivelmente prejudiciais a esse crucial crescimento.

Libertação é alegria, felicidade, serenidade, paz interior; fatores visíveis, mesmo quando as condições são contrárias a tal manifestação. Fruto de uma compreensão próxima da consciência espiritual.

Liberação é soltura, é desprendimento de grilhões nocivos, é itinerário íntimo, interno, invisível aos outros. Trata-se do passo final desse caminho.

Por essas razões, assistimos a vidas preponderantes de expiações; e outras, ricas em **liberações**.

Contudo, sem ingressar nos prejuízos da egoidade e do egocentrismo, devemos cuidar especialmente do nosso próprio caminho.

Um dos conselhos da ciência esotérica é não ficarmos olhando muito para os lados. A não ser o suficiente para melhorarmos o aprendizado quanto ao que deve ser evitado, aduzimos nós.

Adotado esse comportamento com temperança, vamos aos poucos aprendendo e disciplinando nossas intervenções; lado a lado com essa sapiência, estamos equilibrando e crescendo nas nossas visões, aprimorando nossas vidas e nossos caminhos.

Esse nosso exemplo beneficia-nos, como beneficia a perspectiva dos que nos conhecem, mormente dos que conosco convivem, e dessa forma aduzimos pontos positivos para o crescimento do nosso próximo, o que também deve acontecer.

Para encerrar este tópico: quanto mais acertamos nosso caminho kármico, mais e mais nos familiarizamos com essa Lei universal, e melhor vamos servi-La, em transações estreitas que beneficiam o nosso caminho na direção do êxito espiritual.

Estamos, dessa forma, abreviando a nossa rota.

Nesta etapa, não para deixarmos a corrente evolucional. E sim para dela participarmos com atitudes dignas do acervo divino que portamos interiormente.

ANOTAÇÕES

# ALGUMAS PALAVRAS SOBRE OS PREDESTINADOS

Helena Blavatsky talvez tenha sido, alentada pelos Mestres, a passagem-chave entre a alma desenvolvida (daí os extraordinários poderes que demonstrou), a mente raciocinante por excelência (daí a inteligibilidade dos seus escritos) e a qualificação intuitiva, que a fez lúcida na distinção entre o aproveitável e o nocivo para se conhecer a Ciência das Idades.

Com feito, as Hostes Superiores incumbidas de orientar a humanidade parecem escolher, de tempos em tempos — na exata cronologia da Evolução — certos seres que trazem condições especiais para serem testemunhas da existência do plano espiritual.

Como não podem passar despercebidos, desempenham suas tarefas em uma mescla de credulidade pífia e fenomenologia inusitada, as quais — de qualquer forma — podem elevar o grau de consciência dos partícipes, em benefício indiscutível para os envolvidos, próximos ou distantes.

Os homens comuns, à mercê do dia-a-dia, mal preparados inclusive para cada momento, não se dão conta que a magia de irradiação, gerada pela real potestade da tríade superior individual, se movida em um conjunto de cerimonial alvo e puro, pode alcançar distâncias inimagináveis; e tangenciar, com o dom do despertar superior, homens e mulheres que tenham, no seu íntimo, o germe da bondade e da sabedoria.

Por onde, um a um, começa e recomeça a redenção de um conjunto apto a coabitar entre si, futuramente; de maneira e crescimento efetivamente fraternos: ligados, uns aos outros, na terra e no céu.

Aquela legião de Iluminados, predestinada até mesmo na sua constelação cromossômica, toda ela foi, ponto a ponto, mística. Anunciou além do entendimento lógico; além da sensação religiosa positiva ou externa — aquela da prática imitativa e inconsciente.

Tal legião desempenhou, com seu poder e a seu modo, a teurgia incompreendida pelos preconceituosos e faccionistas: a **Magia Superior**, que traduz a "forma" dos mundos que criam pelos símbolos, cores e perfumes; dos mundos que nos antecedem, nada assemelhados, nessa formulação, às "formas" deste mundo; e que, nessa criação, são reproduzidas nos mais próximos objetos.

Refletidores, neste espaço, das singulares matrizes daqueles planos, os quais inoculam as sagradas essências nesses símbolos bem escolhidos, tornando-os "corpos vivos" para a nobre tarefa de expressar demonstrações, quase palpáveis, da presença eterna: aquela insuspeita e independente das coordenadas meramente humanas.

Todos nós dispomos de fatores próprios para, em escala menor, participarmos dessa esplendorosa tarefa.

Cultivemos esse "mundo" que está em nós: eis a decisão mais acertada da nossa vontade particularizada.

Indômitos quanto a essa meta, o caminho se abrirá.

"Quando o discípulo está preparado, o Mestre aparece." Regra-farol da Iniciação.

Preparemo-nos.

Esse passo inaugural depende tão-só de nós próprios.

# LUZES ... EM FESTIVAL!

Luzes brilham.

Luzes bailam.

Luzes de certezas. Luzes do alto.

É uma nova alvorada!

Serafins e Querubins adornejam a Terra!

Forma-se o bailado inédito que trespassa qualquer penumbra, que dissipa quaisquer névoas de matiz acinzentado.

Nada de dúvidas.

Desesperanças?: exterminadas!

Mesmo aqueles que insistem em enxergar nosso globo pelos desalentos da inércia, da passividade, da concretude, sentem-se tangidos pela dança das renovadas e inéditas cores, que apenas podem se apresentar, e se expor, a um corpo vivo.
A Terra vive!
A Terra é viva!

**Vida**, que somos nós, apenas pode habitar **vida**!

Inéditas auroras boreais e austrais informam o cosmo que nosso globo se ilumina!
Mais, e mais, e mais ...

As camadas sutis de nossas almas se assomam.

O Espírito aí está!!!

São luzes que brilham.

São luzes que bailam.

Luzes de certeza.

Luzes do alto.

É uma nova alvorada!

# BIBLIOGRAFIA

## LIVROS CONSULTADOS E RECOMENDADOS

BAKER, Douglas. *Anatomia Esotérica*, Editora Mercuryo, São Paulo, 1993.

BESANT, Annie. *A Sabedoria dos Upanixades*. Editora Pensamento, São Paulo, 1977.

BLAVATSKY, Helena Petrovna Hann Fadeef. *A Doutrina Secreta*, 6 Vols., Editora Pensamento, São Paulo, 1997.

BLAVATSKY, Helena Petrovna Hann Fadeef. *As Origens do Ritual na Igreja e na Maçonaria*, Editora Pensamento, São Paulo, 1972.

BLAVATSKY, Helena Petrovna Hann Fadeef. *A Voz do Silêncio*, Editora Pensamento, São Paulo, 1976.

BLAVATSKY, Helena Petrovna Hann Fadeef. *La Clave de la Teosofia*, Editorial Saros, Buenos Aires, 1954.

BORGES, Miguel Henrique. *JK JK! A Conexão Esotérica*, Aquarius 2005 — Publicações, Rio de Janeiro, 2002.

CALDWELL, Daniel (*Coletânea de*). *O Mundo Esotérico de Madame Blavatsky*, Madras Editora, São Paulo, 2003.

CAPRA, Fritjof. *As Conexões Ocultas*, Editora Cultrix e Amana-Key, São Paulo, 2002.

CAPRA, Fritjof. *A Teia da Vida*, Editora Cultrix e Amana-Key, São Paulo,1997.

CAPRA, Fritjof. *O Ponto de Mutação*, Editora Cultrix, São Paulo, 1986.

CAPRA, Fritjof. *O Tao da Física*, Editora Cultrix, São Paulo, 1985.

CAPRA, Fritjof. *Sabedoria Incomum*, Editora Cultrix, São Paulo, 1990.

ELIADE, Mircea. *O Sagrado e o Profano*, Livraria Martins Fontes Editora, São Paulo, 1996.

GOSWAMI, Amit. *O Universo Autoconsciente*, Editora Rosa dos Tempos, Rio de Janeiro, 1998.

GROF, Stanislav. *Além do Cérebro*, McGraw-Hill, São Paulo, 1988.

GROF, Stanislav. *A Mente Holotrópica*, Editora Rocco, Rio de Janeiro, 1994.

HEISENBERG, Werner. *A Parte e o Todo*, Contraponto Editora, 1ª edição, Rio de Janeiro, 1996.

JUNG, Carl Gustav e outro. *O Segredo da Flor de Ouro*, Editora Vozes, 11ª edição, Petrópolis, 2001.

LAO-TSÉ, *Tao Te King*. Attar Editorial, 2ª edição, São Paulo, 1995.

LAURENTUS. *Ocultismo e Teosofia*, Central de Publicações-CEP-da Sociedade Brasileira de Eubiose, São Lourenço, 3ª edição, 2003.

LORENZ, Francisco Valdomiro (*tradutor*). *BHAGAVAD GÎTÂ, A Mensagem do Mestre*, Editora Pensamento, São Paulo, 1999.

MARTINS DE OLIVEIRA, Celso Agostinho e outro (*Organizadores*). *A Natureza Secreta do Homem*, 3ª edição, Conselho de Estudos e Publicações da SBE (CEP), Sociedade Brasileira de Eubiose, São Paulo, 2002.

OLCOTT, Henry Steel. *Raízes do Oculto*, IBRASA — Instituição Brasileira de Difusão Cultural, São Paulo, 1983.

PLOTINO, Padre Ismael Quiles (*Seleção e tradução do grego de*). *A Alma, a Beleza e a Contemplação*, Associação Palas Athena, São Paulo, 1981.

RAMATÍS, Hercílio Maes (*Obra psicografada por*). *Fisiologia da Alma*, Editora Freitas Bastos, 6ª edição, Rio de Janeiro, 1989.

RAMATÍS, Hercílio Maes (*Obra psicografada por*). *Magia de Redenção*, Editora Freitas Bastos, 4ª edição, Rio de Janeiro, 1986.

RINPOCHE, Sogyal. *O Livro Tibetano do Viver e do Morrer*, Editora Talento e Editora Palas Athena, 2ª edição, São Paulo, 1999.

SOUZA, Henrique José de. *Os Mistérios do Sexo*, Conselho de Estudos e Publicações da Sociedade Brasileira de Eubiose, 2ª edição, São Lourenço, 2001.

SOUZA, Henrique José de. *O Verdadeiro Caminho da Iniciação*, Conselho de Estudos e Publicações da Sociedade Brasileira de Eubiose, 6ª edição, São Lourenço, 2001.

SUZUKI, Shunryu. *Mente Zen, Mente de Principiante*, Editora Palas Athena, São Paulo, 1994.

VIVEKANANDA, Swami — *O que é Religião*, Lótus do Saber Editora, Rio de Janeiro, 2004.

ZIMMER, Heinrich. *Filosofias da Índia*, Editora Palas Athena, São Paulo, 1991.